四部要籍選刊・經部

蔣鵬翔 主編

阮刻孟子注疏解经 二

〔清〕阮元 校刻

浙江大學出版社

本册目録

孟子注疏解經卷第三下

公孫丑章句上　趙氏注　孫奭疏

孟子曰以力假仁者霸霸必有大國以德行仁者王王不待大湯以七十里文王以百里言霸者以大國之力假仁義之道然後能霸若齊桓晉文等是也以已之德行仁政於民小國則可以致王若湯文王是也以力服人者非心服也力不贍也以德服人者中心悅而誠服也如七十子之服孔子也贍足也以已力不足而往服就於人非心服者也以已德不如彼而往服從之誠心服者也如顏淵子貢等之服於仲尼心服者也詩云自西自東自南自北無思不服此之謂也詩大雅文王有聲之篇言從四方來者無思不服武王之德此亦心服之謂也【疏】孟子曰至此之謂也○正義曰此章

言王者任德霸者兼力力服心服優劣不同也孟子曰以力假仁者霸至文王百里者孟子言以大國之力而假以仁義之道行之者乃能爲霸以把握諸侯之權也故必有其大國以德澤而行仁政者乃能爲之王使天下皆歸往者也故不待有大國而爲之也湯但以七十里起而爲商之湯王文王但以百里而天下歸是其以德澤行仁政於天下故不待有大國而爲之王此湯文二者是也以力服人者至服孔子也者孟子言但以力而服人人雖面從而服之然亦非是心服之也以德服人人則中心悅樂而誠心服也如七十子之服仲尼者也是其以誠心服之也非面從而服之者也詩云自西自東自南自北無思不服此之謂也者此蓋詩大雅文王有聲之篇文也蓋孟子引此而證其誠服之意故援之曰自南而自北自西而自東而四方皆歸之無有所思而不服是亦此之謂與○注大雅文王有聲之詩○正義曰此篇蓋言文王繼伐武王能廣文王之聲卒其伐功也箋云自由也言武王於鎬京行辟廱之禮自四方來觀者皆感化其德而心無不服者

孟子曰仁則榮不仁則辱今惡辱而居不仁是猶惡濕而居下也行仁政則國昌而民安得其榮樂行不仁則國破民殘蒙其恥

辱惡辱而不行仁譬猶惡濕而居卑下近水泉之地也如惡之莫如貴德而尊士賢者在位能者在職諸侯如惡辱之來則當貴德以治身尊士以敬人使賢者居位官得其人能者居職人任其事也國家間暇及是時明其政刑雖大國必畏之矣及無鄰國之虞以是間暇之時明修其政教審其刑罰雖天下大國必來畏服詩云迨天之未陰雨徹彼桑土綢繆牖戶今此下民或敢侮予孔子曰爲此詩者其知道乎能治其國家誰敢侮之詩邠國鴟鴞之篇迨及徹取也桑土桑根也言此鴟鴞小鳥猶尚知及天未陰雨而取桑根之皮以纏綿牖戶人君能治。國家誰敢侮之刺邠君曾不如此鳥孔子善之故謂此詩知道也今國家間暇及是時般樂怠敖是自求禍也禍福無不自己求之者般大也孟子傷今時之君國家適有間暇且以大作樂怠惰敖遊不脩政刑是以見侵而不能距皆自求禍者也詩云永言配命自求多福詩大雅文王之篇永長言我也長我周家之命配當善道皆內自求責故有多福也太甲曰天作孽猶可違自作孽不可活此之謂也殷王太甲言天之妖孽尚可違避譬若高宗雒雉宋景守心之變皆可以德消去也○自○已作孽者若帝乙慢神震死是爲不可活故○若此之○謂也

疏孟子曰至此之謂也○正義曰此章言國必修政君必行仁禍福由已不專在天當防患於未亂也孟子曰仁則榮不仁則辱今惡辱而居不仁是猶惡濕而居下也者孟子言國君行仁則國昌民安享其榮樂行不仁則國破民殘故已蒙其恥辱今之國君既能疾惡其有恥辱於已而以居處於不仁之道是若疾惡其濕污而以居其卑下近水泉之地也如惡之莫如貴德而尊士賢者在位能者在職者言今之國君如能疾惡其恥辱莫若尚其有德之賢而尊敬其有道之士也既能貴德尊士則賢者居其官位能者任其官職也所貴德者爲其有德也所以尊士者爲其事道也能爲人所不能爲賢長於德行者也能爲人之所能爲能長於道藝者也行賢能在位在職則國無不治也所以謂仁則榮之意也今國家閒暇

及是時明其政刑雖大國必畏之矣者言今國家閒暇無事以及此時若能修明政教刑罰雖彊大之國亦必畏服矣詩云迨天之未陰雨徹彼桑土至誰敢侮之者自迨天至或敢侮予蓋詩邠國鴟鴞之篇文也言此鴟鴞小鳥尚知天未陰雨之前取彼桑根之皮土以纏綿牖戶喻人君能於閒暇之時治其國家以明其刑政則今此下民誰敢侮慢我也詩人蓋以天之未陰雨國家閒暇之譬也徹彼桑土綢繆牖戶明其政刑之譬也今此下民或敢侮予大國必畏之譬也鴟鴞所以徹彼桑土於天未陰雨之前以纏綿牖戶則風雨莫得以漂搖人君所以明政刑於閒暇之時以維持國家則鄰國莫得以侵侮此孔子所以曰作爲此詩者是能知其治道者也以其能治其國家則誰敢侮之矣是宜孔子善之以謂爲此詩者其知道乎今國家閒暇及是時般樂怠敖是自求禍也禍福無不自己求者孟子傷今之人君於國家閒暇以及於此時乃大作樂怠惰敖遊而不修明刑政是自求其禍也以其禍福無有不自於己求之矣如所謂夫人必自畏然後人畏之夫人必自侮然後人侮之是其禍福無不自己求之意也詩云永言配命自求多福者蓋詩大雅文王之篇文也永長也言我也蓋謂我長配天命而行以自求多福也太甲曰天作孽猶可違自作孽不可活此之謂也者太甲般王之

名也言大甲嘗謂上天作其災孽尚可違避如已自作其災孽不可得而生活也如高宗宋景二者修德以消去者是天作孽猶可違也帝乙慢神震死是自作孽不可活也凡此孟子所以引之者是亦證其禍福無不自已求之之意也○注詩邠國之篇○正義曰鴟鴞之詩蓋言周公救亂也成王未知周公之志公乃爲詩以遺王名之曰鴟鴞焉毛云鴟鴞鸋鴂也迨及也徹剥也桑土桑根也綢繆猶纏綿也箋云鴟鴞自說作巢至苦矣如是以喻諸臣之先臣亦及文武未定天下積日累功以固定此官位與土地今女我巢下之民寧有敢侮慢欲毁之者乎意欲恚怒之以喻諸臣之先臣固定此官位土地亦不欲見其絶奪矣○注詩大雅文王之篇○正義曰此詩蓋言文王受命作周之詩也箋云長猶常也王既述修祖德常言當配天命而行則福禄自求也○注殷王太甲至不可活也○正義曰案本紀云太甲成湯適長孫也太丁之子也太甲既立三年不明暴虐不遵湯法亂德於是伊尹放之於桐宫桐宫三年悔過自責反善伊尹迺迎太甲而授之政太甲修德諸侯咸歸百姓以寧伊尹嘉之作太甲訓以褒太甲號稱太宗云高宗雊雉者案史記云武丁也武丁祭成湯明日有飛雉登鼎耳而雊武丁懼祖乙曰王勿憂先修政事武丁乃修政行德天下咸驩武丁崩祖乙嘉武丁之

以祥雉爲德立其廟爲高宗遂作高宗肜日及訓是也云宋景守心之變者案史記云頭曼立二十七年熒惑守心心宋之分野也景公憂之司星子韋曰可移於相景公曰相吾之股肱曰可移於民景公曰君者待民曰可移於歲景公曰歲飢民困吾誰爲君子韋曰天高聽卑君有君人之言三熒惑宜有動於是候之果徙三度六十四年景公卒是也云帝乙慢神震死者案史記云庚丁之子也武乙立爲帝無道爲偶人謂之天神與之搏令人爲行天神不勝乃僇辱之爲革囊盛血仰而射之命曰射天武乙獵於河渭之間暴雷武乙震死是也

孟子曰尊賢使能俊傑在位則天下之士皆悅而願立於其朝矣俊美才出衆者也萬人者稱傑○市廛而不征法而不廛則天下之商皆悅而願藏於其市矣廛市宅也古者無征衰世征之王制曰市廛而不稅周禮載師曰國宅無征法而不廛者當以什一之法征其地耳不當征其廛宅也關譏而不征則天下之旅皆悅而願出於其路矣言古之設關但譏禁異言識異服耳不征稅出

入者也。故王制曰古者關譏而不征。周禮太宰曰九賦七曰關市之征。司關曰國凶扎則無關門之征。猶譏。王制謂文王以前也。文治岐關譏而不征。周禮有征者。謂周公以來。孟子欲令復古之。征使天下行旅悅之也。耕者助而不税。則天下之農皆悅而願耕於其野矣。助者井田什一。助佐公家治公田不横税賦若履畝之類。廛無夫里之布。則天下之民皆悅而願爲之氓矣。里居也。布錢也。夫一夫也。周禮載師曰宅不毛者有里布。田不耕者有屋粟。凡民無職事者出夫家之征。孟子欲使寛獨夫去里布。則人皆樂爲之氓矣。氓者。謂其民也。信能行此五者。則鄰國之民仰之若父母矣。率其子弟攻其父母。自生民以來未有能濟者也。今諸侯誠能行此五事。四鄰之民仰望而愛之如父母矣。鄰國之君欲將其民來伐之。譬若率勉人子弟使自攻其父母。自生民以來何能以此濟成其欲也。如此則無敵於天下。無敵於天下

者天吏也然而不王者未之有也言諸侯所行能如此者何敵之有是爲天吏天吏者天使之也爲政當爲天所使誅伐無道故謂之天吏也

疏孟子曰至未之有也○正義曰此章言修古之道鄰國之民以爲父母行今之政自已之民不得而子是故衆夫擾擾非所常有命曰天吏明天所使者也孟子曰尊賢使能俊傑在位則天下之士皆悅而願立於其朝矣者孟子言今之國君能尊敬賢者任使能者俊傑大才在官位則天下爲之士者皆悅樂願立其朝廷矣市廛而不征法而不廛則天下之商皆悅而願藏於其市矣者言市廛宅而不征取其稅以什一之法征其地而不征其廛宅則天下爲商賈者皆喜悅而願藏貯於其市矣關譏而不征則天下之旅皆悅而願出其路矣者言關門之所但譏察其異言異服之人而不稅出入者則天下行旅之衆皆悅樂而願出於其道路矣耕者助而不稅則天下之農皆悅而願耕於其野矣者言耕田者但以井田制之使助佐公田而治不以橫稅取之則天下爲之農者皆悅而願耕作其郊野矣廛無夫里之布則天下之民皆悅而願爲之氓矣者言一夫所受之宅而不出夫家之征一廛所居之地而不取其里布則天下之民皆悅樂而願爲之氓矣信能行此五者於天下則鄰

國之民仰之若父母矣率其子弟攻其父母自有生民以來未有能濟者也者言今之國君誠能信行此上五者之事則四鄰之國民仰望之如父母而親之矣鄰國雖欲勉率其民如子弟攻其父母言自有生民以來而至於今未有能濟成其欲者也言其民皆仰望之而親敬之不肯爲其所惡而賊其所好也如此則無敵於天下無敵於天下者天吏也然而不王者未之有也者言國君行此五者之事而民仰望之如此則是無敵於天下也言天下之人無與敢爲敵者也既無敵於天下者是名爲天吏者也天之所使者是謂天吏也然而爲天吏而不王者必無也故曰未之有也廛者一夫所受之宅也里者一廛所居之地也野者氓者案周官制地之法六鄉以教爲主其主民有郊於內故其地爲郊而民則謂之民以其近主而有知者也六遂以耕爲主而其民有遂於外故其地爲野而民故謂之氓以其遠主而無知者也此孟子云野云氓之意也蓋孟子或云貴德而尊士賢者在位能者在職或曰尊賢使能俊傑在位者以其貴士之有德尊士之有道者爲其賢也爲其能也即其賢而授之位所以尊其賢即其能而授之職所以使其能若夫俊傑則行而敏速立而絕衆賢之豪者非可使以職也故曰在位而已○注廛市宅至廛宅也○正義曰王制云市廛而不稅者案鄭注云廛市物

邸舍稅其舍不稅其物也注云周禮載師云宅無征者載師
者掌任土之法以物地事授地職而待其政令者也宅無征
所以言宅無稅也○注言古之設關至旅稅之也○正義曰
云王制曰古者關譏而不征禮記有王制之篇中有云此案
鄭注云譏異服識異言也云周禮太宰曰九賦七曰關市之
賦○一曰邦中之賦二曰四郊之賦三曰郊甸之賦四曰家削
之賦五曰邦縣之賦六曰邦都之賦七曰關市之賦八曰山
澤之賦九曰幣餘之賦鄭司農云幣餘百工之餘司關曰國
凶札則無關門之征猶譏鄭司農云凶謂凶年饑荒也札謂
疾疫死亡也越人謂死爲札春秋傳曰札瘥天昏無關門之
征者出入關門無租稅猶苛察不得令姦人出入也注周禮
載師曰宅不毛者有里布田不耕者有屋粟凡民無職事者
出夫家之征鄭司農云宅不毛者謂不樹桑麻也里布者布
參印書廣二寸長二尺以爲幣貿易物詩云抱布貿絲此布
也或曰布泉也春秋傳曰貿之百兩一布又廛人職掌斂市
之次布儳布質布罰布廛布不知言布參印書者何見舊時
說也鄭玄謂宅不毛者罰以一里二十五家之泉空田者罰
以三家之稅粟以共吉凶二服及喪器也民雖有閒無職事
者猶出夫稅家稅也夫稅者百畝
之稅家稅者出士徒車輦給徭役

孟子曰人皆有不忍

人之心言人人皆有不忍加惡於人之心也先王有不忍人之心斯有不忍人之政矣以不忍人之心行不忍人之政治天下可運之掌上先聖王推不忍害人之心以行不忍傷民之政以是治天下易於轉丸於掌上也所以謂人皆有不忍人之心者今人乍見孺子將入於井皆有怵惕惻隱之心非所以內交於孺子之父母也非所以要譽於鄉黨朋友也非惡其聲而然也乍暫也孺子未有知之小子所以言人皆有是心凡人暫見小孺子將入井賢愚皆有驚駭之情情發於中非爲人也非惡有不仁之聲名故爲之怵惕者而然也由是觀之無惻隱之心非人也無羞惡之心非人也無辭讓之心非人也無是非之心非人也言無

此四者當若禽獸非人心耳爲人則有之矣凡人但不能演用爲行耳惻隱之心仁之端也羞惡之心義之端也辭讓之心禮之端也是非之心智之端也端者首也人皆有仁義禮智之首可引用之人之有是四端也猶其有四體也有是四端而自謂不能者自賊者也自謂不能爲善自賊害其性使不爲善也謂其君不能者賊其君者也謂君不能爲善而不匡正者賊其君使陷惡也凡有四端於我者知皆擴而充之矣若火之始然泉之始達苟能充之足以保四海苟不充之不足以事父母擴廓此○凡有四端在於我者知皆廓而充大之若火泉之始微小廣大之則無所不至以喻人之四端也人誠能充大之可保安四海之民誠不充大之內不足以事父母言無仁義禮智何以事父母也〔疏〕孟子曰至不足以事父母○正

義曰此章言人之行當內求諸己也孟子曰人皆有不忍人之心者孟子言人之為人皆有不忍加惡於人之心也先王有不忍人之心斯有不忍人之政至掌上者又言古先聖王有不忍加惡於人之心斯有不忍傷民之政既以不忍加惡於人之心以行其不忍傷民之政其治天下之易但若轉運走丸於掌上之易者也所以謂人皆有不忍人之心者今人乍見孺子將入井至然也者孟子又言所以謂人之為人皆有不忍加惡於人之心者且以今人乍見孺子言之孺子無知之小子也今人乍見無知之小子相將匍匐欲墜於井但見之者皆有怵惕恐懼惻隱痛忍之心所以然者非是內當結交於孺子之父母然後如此也又非是所以欲要求美譽於鄉黨朋友也又非所以惡有不仁之聲而然也由是觀之無惻隱之心非人也至無是非之心非人也者孟子言由此見孺子將入於井人皆有怵惕惻隱之心觀察之是無惻隱羞惡辭讓是非四者之心皆非是人也乃若禽獸之類也禽獸所以無惻隱不忍之心又無羞惡慙恥之心又無辭讓揖遜之心又無是非好惡之心者也言苟無此四者所以皆謂之非人也乃禽獸之類也惻隱之心至智之端也者孟子言人有惻隱之心是仁之端本起於此也有羞惡之心者是義之端本起於此也有辭讓是非之心者是禮智之端本起於

此者也以其仁者不過有不忍惻隱也此孟子所以言惻隱羞惡辭讓是非四者是爲仁義禮智四者之端本也人之有是四端也猶其有四體也至賊其君者也者孟子又言人有是惻隱羞惡辭讓是非爲仁義禮智之四端若其人之有四肢也既有此四端而自謂已之不能爲善者是自賊害其善而不爲善也以之事君如謂其君不能爲善不匡正之者是亦賊害其君使陷於惡也無他以其人之爲人皆有此四端也但不推用而行之耳如能推此四端行之是爲仁義禮智者矣所謂仁義禮智者即善也然則人人皆有善矣故孟子所以言之以此凡有四端於我者知皆擴而充之至不足以事父母者孟子又言凡人所以有四端在於我已者能皆廓而充大之是若火之初然泉之始達而終極乎燎原之熾襄陵之蕩也苟能充大之雖四海之大亦是保安之也苟不能充大之雖已之父母亦不足以奉事之故曰苟能充之足以保四海苟不充之不足以事父母是亦推恩足以保四海不推恩無以保妻子之意也

孟子曰矢人豈不仁於函人哉矢人惟恐不傷人函人惟恐傷人巫匠亦然故術不可不慎也矢箭也函甲也周禮曰函人爲

甲作箭之人其性非獨不仁於作甲之人也術使之然巫欲祝活人匠梓匠作棺欲其蚤售利在於人死也故治術當慎修其善者也

孔子曰里仁爲美擇不處仁焉得智里居也仁最其美者也夫簡擇不處仁爲不智夫仁天之尊爵也人之安宅也莫之禦而不仁是不智也爲仁則可以長天下故曰天所以假人尊爵也居之則安無止之者而人不能知人是仁道者又安得爲之智乎不仁不智無禮無義人役也若此爲人所役者也人役而恥爲役由弓人而恥爲弓。矢人而恥爲矢也治其事而恥其業者惑也如恥之莫如爲仁如其恥爲人役而爲仁仁則不爲役也仁者如射射者正己而後發發而不中不怨勝己者反求諸己而已矣以射喩人爲仁不得其報當反責己之仁恩有所未至也不怨勝己者

〔疏〕孟子曰至反求諸己而已矣○正義曰此

章言各治其術術有善惡禍福之來隨行而作恥爲人役不若居仁治術之忌勿爲矢人也孟子曰矢人豈不仁於函人哉至故術不可不慎也者孟子言作矢之人其性豈不仁過於函人哉其所以不仁於函人者以其術使之然也作矢之人其心於所作箭之時惟恐不利不能傷害人也作函之人其心於作函之時惟恐不堅厚而有傷害於人也不特此二者如此雖作巫祝梓匠之人亦如是也以其巫人祝在於活人梓匠作棺欲其速售利在於人死也此孟子所以故云其治術人亦不可不慎擇也矢箭也函鎧也甲是也孔子曰里仁爲美擇不處仁焉得智者孟子言孔子有曰所居以仁最爲美也然而人所揀擇不處於仁里又安得謂之智也以其智足以有知故也不知擇處於仁豈謂之智哉夫仁天之尊爵也人之安宅也莫之禦而不仁是不智也者言夫仁之爲道是天之尊爵也人之安宅也謂之尊爵者蓋受之於人而彼得以賤之者非尊爵也仁則得之於天而萬物莫能使之賤是尊爵也安宅者蓋營於外而彼得以危之者非安宅也仁則立之自內而萬物莫能使之危是安宅也今夫天下之事有形格勢禁而不得有爲者爲其有以禦之也仁之爲道乃天之尊爵而得之自天者人之安宅而立之自我者但欲仁則仁矣誰其禦之而不爲哉今仁之爲道人莫禦之使不

爲而自不爲仁者是亦不智者也不仁不智無禮無義人役也至莫如爲仁者言人之不仁不智者是無禮無義爲人所役者也既爲人所役而恥辱爲人所役是若作弓矢之人不知擇術而恥爲弓矢也如恥爲人所役莫若擇術而爲仁也以其爲仁則禮義隨而有之矣雖欲役之不可得已然則仁則榮不仁則辱亦此之謂也仁者如射至反求諸己而已矣者孟子比之於仁者如射也以其射者必待先正其身已然後而發矢射之也既發矢而射之不中其的則又不怨恨其射勝於己者但反責求諸己而已矣蓋君子以仁存心其愛人則人常愛之猶之正己而後發也有人於此待我以横逆猶之發而不中也自反而不以責諸人猶之不怨勝己者反求諸己而已矣此孟子所以比仁者如射發而不中不怨勝己者反求諸己而已矣

孟子曰子路人告之以有過則喜禹聞善言則拜子路樂聞其過過而能改也尚書曰禹拜善言大舜有大焉善與人同舍己從人樂取於人以爲善大舜虞舜也孔子稱曰巍巍故言大舜有大焉能舍己從人故爲大也於子路與禹同者也自耕稼陶漁以

至爲帝無非取於人者取諸人以爲善是與人爲善者也故君子莫大乎與人爲善舜從耕於歷山及其陶漁皆取人之善謀而從之

疏孟子曰至與人爲善〇正義曰此章言大聖之君猶采善於人故曰莫大乎與人爲善也孟子曰子路人告之以有過則喜禹聞善言則拜者孟子言子路之爲人人有告之以過事則喜樂從人之言而改其過大禹之爲人聞有善言則拜而受之也大舜有大焉善與人同舍己從人樂取於人以爲善者孟子又言大舜之爲帝有大巍巍之功焉無它以其善能與人同之也己之善亦猶人之善人之善亦猶己之善是與人同善也所以能如此者亦以能舍己之所見而從人之見又樂取諸人以爲善也自耕稼至與人爲善者此孟子自引舜之事迹而自解舜取人以爲善之言也言舜自耕稼於歷山陶於河濱漁於雷澤之時以至爲帝無非取人之善謀而從之也取諸人以爲善是亦與人爲其善者也所謂舜耕歷山歷山之人皆讓畔漁雷澤雷澤之人皆讓居陶河濱河濱器皆不苦窳是亦與人爲善之事也故君子莫大乎與人爲善者此孟子所以復言凡爲善之君子莫大乎與人爲善也〇注大舜虞帝至同者也

正義曰虞舜之國號也云孔子稱曰巍巍者案論語有云巍巍乎其有成功孔注云功成化隆高大巍巍也○注舜從歷山及其陶漁者○正義曰此皆案史記帝紀有云然也孟子曰伯夷非其君不事非其友不友不立於惡人之朝不與惡人言立於惡人之朝與惡人言如以朝衣朝冠坐於塗炭推惡惡之心思與鄉人立其冠不正望望然去之若將浼焉伯夷孤竹君之長子讓國而隱居者也塗泥炭墨也浼汚也思念也與鄉人立見其冠不正望望然慙愧之貌也去之恐其汚己也是故諸侯雖有善其辭命而至者不受也不受也者是亦不屑就已屑潔也詩云不我屑已伯夷不潔諸侯之行故不忍就見也殷之末世諸侯多不義故不就之後乃歸於西伯也柳下惠不羞汚君不卑小官進不隱賢必以其道遺

佚而不怨，阨窮而不憫。故曰：「爾爲爾，我爲我，雖袒裼裸裎於我側，爾焉能浼我哉？」柳下惠，魯公族大夫也，姓展，名禽，字季。柳下是其號也。進不隱己之賢才，必欲行其道也。憫，懣。云善己而已，惡人何能汚於我邪。故由由然與之偕而不自失焉，援而止之而止。援而止之而止者，是亦不屑去已。由由，浩浩之貌。不憚與惡人同朝並立。偕，俱也。與之儷行於朝，何傷，但不失己之正心而已耳。援而止之，謂三黜不懃去也。是柳下惠不以去爲潔也。孟子曰：「伯夷隘，柳下惠不恭。隘與不恭，君子不由也。」伯夷隘，懼人之汚來及己，故無所含容，言其大隘狹也。柳下惠輕忽時人，禽獸畜之，無欲彈正之心，言其大不恭敬也。聖人之道不取於此，故曰君子不由也。先言二人之行，孟子乃評之耳。

疏 孟子曰伯夷至君子不由也○正義曰：此章言伯夷古之大賢，猶有所闕也。孟子曰伯夷非其君不事至是亦不屑就已者，孟子言伯夷非己所好之君則不奉事之，非與己同志之友則不與爲交友不立於惡人之朝是不事非其君也不與惡人言是不友非其友也謂立於惡人之朝與惡人言語如以服其朝衣朝冠而坐於塗泥炭墨之中矣以其有汙於己也推己惡惡之心乃至於與鄉人立其冠有不正且望望然慙恥而遠去之若相將有汙於己也如此故諸侯雖有善辭命而至者亦不受也以其不受之者是亦不潔而不忍就見也故以不就爲潔也屑潔也柳下惠不羞汙君不卑小官至是亦不屑去已者孟子又言柳下惠不羞恥事其汙君汙君濫惡之君也雖居小官之位而不卑辱進而仕則不隱己之賢才必以欲行其道雖遺佚於野而不怨恨雖阨之使窮困而不哀憫故曰爾爲之爾我爲之我雖袒裼裸裎襲其身體於我身側爾又安能浼瀆於我哉以其不殊於俗一於和而已如此故由由然浩浩與人偕儷而行但不失己之正心焉牽援而止之而則止之以其援而止之而止是亦不潔而去已故以不去爲潔也孟子曰伯夷隘柳下惠不恭隘與不恭君子不由也者此孟子所以復言伯夷之行失之太清而不能含容故爲狹隘柳下惠失之太和而輕忽時人故爲不恭敬然狹隘與不恭敬是非先。王所行之道故君子不由用而行之也○注伯夷孤竹君之長子讓國而隱居者也○正義曰案春秋少陽篇云伯夷姓墨名允字公信謚爲夷太史公云伯夷叔齊孤竹君之二子父欲立叔齊及父卒叔齊讓伯夷伯夷曰父命也遂逃去叔齊不肯立亦逃之國人立其中子於是伯夷叔齊聞西伯昌善養老盍往歸焉及西伯卒武王東伐紂伯夷叔齊叩馬而諫曰父死不葬爰及干戈可謂孝乎以臣弒君可謂仁乎左右欲兵之太公曰此義人也扶而去之武王平殷天下宗周伯夷叔齊恥之義不食周粟隱於首陽山采薇而食之及餓死者是矣孤竹北方之遠國也號爲孤竹案地理志云遼西有孤竹城應劭曰故伯夷國是也○柳下惠魯公族大夫姓展名禽字季柳下是其號者○正義曰案史記傳云柳下惠姓展名禽魯人也爲魯典獄之官任以直道故孔子云柳下惠爲士師三黜人曰子未可去乎曰直道而事人焉往而不三黜枉道而事人何必去父母之邦孔注云士師典獄之官鄭玄亦云然

孟子注疏解經卷第三下

大清嘉慶二十年用文選樓藏本校

南昌縣知縣陳煦栞

孟子注疏卷三下挍勘記　阮元撰盧宣旬摘錄

是也監本足誤是

而往服就於人閩監毛三本同孔本韓本足利本就作從

非心服者也閩監毛三本同廖本孔本韓本考文古本無者字

章指言王者任德霸者兼力力服心服優劣不同故曰遠

人不服修文德以懷之韓本足利本作來

譬猶惡濕而居界下音義本廖本考文古本界作堺閩監毛三本猶作由孔本韓本猶作若界作堺

邠國鴟鴞之篇孔本韓本考文古本同閩監毛三本國改風非

猶尚知及天未陰雨閩監毛三本同廖本孔本韓本考文古本無猶字

人君能治國家　閩監毛三本同孔本韓本考文古本治下有其字

是爲不可活故若此之謂也　閩監毛三本同廖本孔本韓本考文古本無故若此之謂五字○按無者是

章指言國必修政君必行仁禍福由已不專在天言當防患於未亂也

言國宓修政　宓必之誤閩監毛三本不誤今改正

詩邠國之篇　閩本同監毛本改爲詩邠風鴟鴞之篇非

放之於桐宮桐宮　閩本同監毛本删桐宮二字

君有君人之言云　閩監毛三本云改三是也今改正

萬人者稱傑　閩監毛三本孔本足利本同韓本考文古本上有勝字

皆悅而願藏於其市矣音義出願藏云或作臧音藏

周禮載師閩監毛三本足利本載誤戴孔本韓本考文古本不誤下同

七曰關市之征閩監毛三本同廖本孔本韓本考文古本征作賦是也

復古之征閩監毛三本同廖本孔本韓本考文古本之作去

不橫稅賦各本同考文古本賦作則非也

皆悅而願爲之氓矣音義出氓字云或作萌或作甿○按作萌假古漢人多用萌字經典內萌多改氓改甿如說文引周禮以興耡利萌是也

皆樂爲之氓矣閩監毛三本同孔本韓本考文古本氓作民

氓者謂其民也閩監毛三本同廖本孔本韓本考文古本無者謂其三字○按尋謂字則經文當本作萌

自生民以來　閩監毛三本韓本同孔本考文古本自下有有字按石經此文漫漶然細審之此句是六字當亦有有字也

自生民以來　閩監毛三本同孔本韓本考文古本無自字

何能以此濟成其欲也　閩監毛三本同廖本孔本韓本考文古本其下有所字欲下有者字

天使之也　閩監毛三本同廖本孔本韓本考文古本無之字是也

章指言修古之道鄰國之民以爲父母行今之政自已之民不得而子是故衆夫擾擾非所常有命曰天吏明天所使也

中有云此　閩本同監本剜改云此作此文毛本與監本同

七曰關市之賦一曰邦中之賦　閩本同監本於關市之賦下剜增者太宰以九

賦歛財賄九字毛本同監本

非所以內交於孺子之父母也音義出內交云本亦作納

未有知之小子閩監毛三本同廖本孔本韓本考文古本無之字下有也字

暫見小孺子閩監毛三本同廖本孔本韓本考文古本小下重小字

情發於中閩監毛三本同廖本孔本無情字韓本足利本情作以

非爲人也閩監毛三本同岳本廖本孔本韓本考文古本人上有其字

故爲之怵惕者而然也閩監毛三本同廖本孔本韓本考文古本無爲之者而然五字足利本同古本也上多一矣字按無五字者是

無辭讓之心石經下文讓諱作遜此處模糊亦似遜字

演用此云演用下文注云引用引卽演聲之誤也說文曰演者長流也

可引用之閩監毛三本孔本同韓本考文古本之作也

謂君不能爲善各本同考文古本君作其非

知皆擴而充之矣音義出擴云亦作彍

擴廓此閩監毛三本同廖本孔本韓本考文古本此作也是也蓋形近之譌

凡有四端閩監毛三本韓本同岳本廖本孔本無四字

若火泉之始微小閩監毛三本同廖本孔本韓本考文古本足利本火泉作水火

章指言人之行當內求諸已以演大四端充廣其道上以匡君下以榮身也

所以非謂之非人也上非字閩監毛三本作皆是今改正

矢人惟恐不傷人恐閩本誤豈

函甲也　閩監毛三本同廖本孔本韓本甲作鎧下作甲同音義出鎧字

作甲之人也　考文古本甲作鎧

故治術　廖本孔本韓本考文古本同閩監毛三本治作凡非

又安得為之智乎　閩監毛三本同廖本孔本韓本考文古本作何得為智乎

矢人而恥為矢也　各本同孔本上有由字按音義由反手下云下文由弓人由矢人義同是音義本此文上有由字

當反責己之仁恩有所未至也不怨勝己者　閩監毛三本同廖本孔本韓本考文古本作當反責己仁恩之未至

章指言各治其術術有善惡禍福之來隨行而作恥為人役不若居仁治術之忌　足利本作忘非　勿為矢人也　足利本作勿力矢也非

禹拜善言閩監毛三本同音義本廖本孔本韓本考文古本善作讜是也○按段玉裁曰今文尚書禹拜讜言古文尚書禹拜昌言

虞舜也閩監毛三本孔本韓本同廖本考文古本作虞也按當本作虞虞舜也淺人或刪舜或改爲帝

章指言大聖之君由采善於人故曰計及下者無遺策舉及衆者無廢功也

舜從歴山及其陶漁者閩本從下有耕字無者字監毛本同閩本

望望然閩監毛三本同廖本孔本韓本足利本作望望去之考文古本作望望代之後作望望代之古本並非

後乃歸於西伯也閩監毛三本同廖本孔本韓本考文古本無於字

遺佚而不怨音義出遺佚云或作泆或作失皆音逸

阨窮而不憫　音義出阨窮云本亦作厄

雖袒裼裸裎於我側　音義裎亦作程○按儀禮注作裎

憫瀆云善已而已　閩監毛三本云作也廖本孔本韓本瀆下有也字考文稱古本善已而已善上有云字則與此本合足利本作其非音義出瀆也云本亦作滿

惡人何能汚於我邪　閩監毛三本同廖本孔本韓本考文古本無於字邪作也

援而止之　音義云或作正之

由由浩浩之貌　閩監毛三本同孔本韓本考文古本浩浩作浩然

謂三黜　閩監毛三本同廖本孔本韓本黜作絀是音義出絀字

不憋去也　閩監毛三本同孔本韓本考文古本無也字

伯夷隘　音義或作阸或作阨

無欲彈正之心　廖本孔本韓本考文古本同閩監毛三本彈誤憚按音義出彈正字

孟子乃評之耳　閩監毛三本同廖本孔本韓本無耳字考文古本評作平無耳字

章指言伯夷柳下惠古之大賢猶有所闕介者必偏中和爲貴純聖能然君子所由堯舜是尊

孟子曰伯夷至君子不由也　閩本同監毛本伯夷下增非其君三字

柳下惠魯公族大夫也　此上脫注字閩監本同毛本增是

孟子注疏卷三下挍勘記

奉新趙儀吉挍

孟子注疏解經卷第四上

公孫丑章句下 凡十四章

趙氏注 孫奭疏

〔疏〕正義曰此卷趙氏分上篇爲此卷也此卷凡十四章一章言民和爲貴二章言人君以尊德樂義爲賢君子以守道不回爲志三章言取與之道必得其禮於其可雖少不辭義之無處兼金不顧四章言人臣以道事君否則奉身以退五章言執職者劣藉道者優六章言道不合者不相與言七章言孝必盡心匪禮之踰八章言誅不義者必須聖賢九章言聖人親親不文其過小人順非以諂其上十章言君子立身行道道之不行命也不爲利回十一章言惟賢能安賢智能知微十二章言大德洋洋介士察察賢者志其大者不賢者志其小者十三章言聖賢興作與天消息天非人不因人非天不成十四章言祿以食功志以率事無事而食其祿君子不由也此十四章合上篇卷是公孫丑有二十三章矣

孟子曰天時不如地利地利不如人和三里之城七里之郭環而攻之而不勝夫環而攻之必

有得天時者矣然而不勝者是天時不如地利也天時謂時日支干五行旺相孤虛之屬也地利險阻城池之固也人和得民心之所和樂也環城圍之必有得天時之善處者然而城有不下是不如地利城非不高也池非不深也兵革非不堅利也米粟非不多也委而去之是地利不如人和也有堅強如此而破之走者不得民心民不爲守衛懿公之民曰君其使鶴戰余焉能戰是也故曰域民不以封疆之界固國不以山谿之險威天下不以兵革之利域民居民也不以封疆之界禁之使懷德也不依險阻之固恃仁惠也不爲兵革之威仗其道德而已矣得道者多助失道者寡助寡助之至親戚畔之多助之至天下順之以天下之所順攻親戚之所畔故君子有不戰

戰必勝矣得道之君何嚮不平君子之道貴不戰耳如其當戰戰則勝矣【疏】孟子曰天時至戰必勝矣○正義曰此章言民和為貴也孟子曰天時不如地利地利不如人和至是地利不如人和也者孟子言其用兵之要也謂古之用兵者莫不布策挾龜迎日計月望雲占風觀星候氣以察吉凶以明利害必有得天時者矣然而內有三里之城外有七里之郭以為之禦雖環轉而攻之則莫能勝焉是天時不如地利也鑿池深之使其不可踰築城高之使其不可攻又以甲兵之堅利米粟之多積是地利亦有得矣然而上下異政君民異心不能効死以守至皆委却而去之是地利又不如人和也孟子於前言天時不如地利不如人如人和乃設此文於後而解其言也故曰三里之城七里之郭環而攻之而不勝夫環而攻之必有得天時者矣然而不勝者是天時不如地利也至是地利不如人和而已矣故曰域民不以封疆之界至戰必勝矣者此又孟子復言而詳說之也故曰所居之民不在以封疆之為界欲牢固其國又不在以山谿之為險威震天下又不在以兵甲之為堅利以其得道之君則人多助之失道之君則人寡助之而已孟子所以言此者蓋謂但在得其道不在於封疆山谿兵甲之為矣故復言人有寡助之至極者則親戚離畔之親戚離畔者戰

必不勝而敗績有多助之至者則天下皆順從之以天下之所順從而攻伐其親戚所離畔者故君子在有不戰而已如戰則必勝○注天時謂時日支干五行旺相孤虛之屬正義曰時日支干者子丑寅卯辰巳午未申酉戌亥是爲支甲乙丙丁戊己庚辛壬癸是爲干干支所以配時日而用之也云五行旺相孤虛之屬者五行金木水火土是也金旺在巳午未申酉木旺在亥子丑寅卯水旺在申酉戌亥子火旺在寅卯辰巳午土旺在申酉戌亥孤虛者蓋孤虛之法以一畫爲孤無畫爲虛二畫爲實以六十甲子日定東西南北四方然後占其孤虛實而向背之即知吉凶矣又如周武王犯歲星以伐商魏太祖以甲子日破慕容凡用師之道有太史以抱天時太師之執同律之類是也○注衞懿公之民曰君其使鶴戰○正義曰案左傳魯閔公二年云狄人伐衞衞懿公好鶴鶴有乘軒者將戰國人受甲者皆曰使鶴鶴實有祿位余焉能戰是其文也○注得乎丘民而爲天子○正義曰此蓋經之文

孟子將朝王王使人來曰寡人如就見者也有寒疾不可以風朝將視朝不識可使寡人得見乎孟子雖仕於齊處師賓之位以道見敬或稱

以病未嘗趨朝而拜也王欲見之先朝使人往謂孟子云寡人如就見者若言就孟子之館相見也有惡寒之疾不可見風儻可來朝欲力疾臨視朝因得見孟子也不知可使寡人得相見否

對曰不幸而有疾不能造朝孟子不悅王之欲使朝故稱其有疾而拒之也

明日出弔於東郭氏公孫丑曰昔者辭以病今日弔或者不可乎東郭氏齊大夫家也昔者昨日也丑以爲不可

曰昔者疾今日愈如之何不弔孟子言我昨日病今日愈我何爲不可以弔

王使人問疾醫來王以孟子實病遣人將醫來且問疾也

孟仲子對曰昔者有王命有采薪之憂不能造朝今病小愈趨造於朝我不識能至否乎孟仲子孟子之從昆弟從學於孟子者也權辭以對如此憂病也曲禮云有負薪之憂

使數人要於路曰請必無歸而造於朝仲子使數人要告孟子君命宜

敬當必造朝也不得已而之景丑氏宿焉孟子迫於仲子之言不得已而心不欲至朝因之其所知齊大夫景丑之家而宿焉具以語景丑氏耳景子曰內則父子外則君臣人之大倫也父子主恩君臣主敬丑見王之敬子也未見所以敬王也景丑責孟子不敬何義也曰惡是何言也齊人無以仁義與王言者豈以仁義爲不美也其心曰是何足與言仁義也云爾則不敬莫大乎是曰惡者深嗟歎云景子之責我何言乎今人皆謂王無知不足與言仁義云爾絕語之辭也人之不敬無大於是者也我非堯舜之道不敢以陳於王前故齊人莫如我敬王也孟子言我每見王常陳堯舜之道以勸勉王齊人無有如我敬王者也景子曰否非此之謂也禮曰父召無諾

君命召不俟駕固將朝也聞王命而遂不果宜與夫禮若不相似然景子曰非謂不陳堯舜之道謂爲臣固自當朝也今有王命而不果行果能也禮父召無諾無諾而不至也君命召輦車就牧不坐待駕而夫子若是事宜與夫禮若不相似然乎愚竊惑焉曰豈謂是與曾子曰晉楚之富不可及也彼以其富我以吾仁彼以其爵我以吾義吾何慊乎哉夫豈不義而曾子言之是或一道也孟子荅景丑云我豈謂是君臣召呼之間乎謂王不禮賢下士故道曾子之言自以不慊晉楚之君慊少也曾子豈肯言不義之事邪是或者自得道之一義欲以喻王猶晉楚我猶曾子我臣輕於王乎天下有達尊三爵一齒一德一朝廷莫如爵鄉黨莫如齒輔世長民莫如德惡得有其一以慢其二哉三者天下之所通尊也孟

（子謂賢者長者有德有齒人君無德但有爵耳故云何得以一慢二乎）故將大有爲之君必有所不召之臣欲有謀焉則就之其尊德樂道不如是不足以有爲也（言古之大聖大賢有所與爲之君必就大賢臣而謀事不敢召也王者師臣霸者友臣也）故湯之於伊尹學焉而後臣之故不勞而王桓公之於管仲學焉而後臣之故不勞而霸（言師臣者王桓公能師臣而管仲不勉之於王故孟子於上章陳其義譏其烈之卑也）今天下地醜德齊莫能相尚無他好臣其所教而不好臣其所受教（醜類也言今天下之人君土地相類德教齊等不能相絕者無它但好臣其所教勑役使之才可驕者耳不能好臣大賢可從而受教者也）湯之於伊尹桓公之於管仲則不敢召管仲且猶不可召而

況不爲管仲者乎孟子自謂不爲管仲故非齊王之召已也是以不往而朝見於齊王也

疏孟子將朝王至而況不爲管仲者乎○正義曰此章言人君以尊德樂義爲賢君子以守道不回爲志者也孟子將朝王王使人來曰寡人如就見者也至得見乎者言孟子自將欲朝見王王未及行而齊王欲見之乃先使人來曰寡人如往而就孟子所館處和見以其有惡寒之疾不可見風儻可以來朝見而我將視其來朝不知可使寡人因此而得見孟子否乎此皆齊王使人而言也對曰不幸而有疾不能造朝者王之使人既已見孟子而導王之言孟子乃答王之使人亦曰我之不幸而有其疾不能趨造而朝見王以其孟子不喜王欲使來朝故云有疾以拒之也明日出弔於東郭氏公孫丑曰昔者辭以病今日弔或者不可乎者言孟子自辭王以爲疾不能造朝之明日乃出弔問於齊大夫東郭氏之家其弟子公孫丑問孟子曰昨日辭王之使以爲疾不能造朝而今日以出弔問於東郭氏或者以爲不可出弔曰昔者疾今日愈如之何不弔者孟子荅公孫丑以爲昨日有疾今日已差愈如之何爲不可弔孟子於是往弔之王使人問疾醫來者王見使人回報以謂孟子有疾乃謂實有疾遂遣人問疾醫者來問其疾孟仲子對曰昔者有王命有采薪之

憂不能造朝今疾小愈趨造於朝我不識能至否乎者孟仲子孟子從昆弟學於孟子者也孟仲子時見王使人問疾醫來至而孟子已往弔於東郭氏乃權其言而荅問疾醫者曰昨日有王命來使孟子朝孟子辭之以其有采薪之憂小疾不能趨造而朝王今日病以小愈已趨造於王朝我不知予今能至於王朝否乎以爲未曾至乎使數人要於路曰請必無歸而造於朝者孟仲子恐孟子歸以爲失言乃使數人而來告孟子於路曰請必無歸而趨造於王朝不得已而之景丑氏宿焉者孟子見孟仲子使數人要於路乃見迫於仲子之言遂不得已而往齊大夫景丑氏之家宿焉以其心不欲朝王故往景丑氏家宿而已景子曰內則父子外則君臣人之大倫也父子主恩君臣主敬丑見王之敬子也未見所以敬王也者景丑見孟子不造朝而乃止其家宿焉於是曰在閨門之內則有父子之親出而邦國之外則有君臣之義此人之大倫而不可汩也父子則存乎慈孝之恩君臣則存乎恭敬之義今丑每見王之敬重其子也而未嘗見子之所以能尊敬於王也曰惡是何言也至莫大乎是者孟子荅景丑言乃嘆惜言是何言而責我也齊人皆無以仁義之道與王言者豈以仁義之道爲不嘉美也其齊人心已謂是王何足與言仁義之道也言爾之不尊敬於王莫大乎此者也我非

堯舜之道不敢以陳於王前故齊人莫如我敬王也者孟子言我非是堯舜二帝之道則不敢鋪陳於王之前故齊人未有如我如此之敬王也所謂堯舜之道即仁義之道也景子曰否非此之謂也禮曰父召無諾至若不相似然者景丑言否我不謂不陳堯舜之道也以其禮云父召而子無諾而不至君有命召不坐待駕今子固將欲自朝於王而聞王命以遂不果行是宜與夫禮若不相似然以其有逆此禮也曰豈謂是歟曾子曰晉楚之富至是或一道也者孟子又言於景丑曰我豈謂是君臣呼召之間乎以其曾子言晉楚二君之富人不可及也然彼既以其富我但存吾之仁彼既有其爵而我但存吾之義我何慊不足於彼乎哉夫晉楚之富豈爲不義然於曾子言是止於一道而言之也一於道而言之則曾子所以但言吾仁吾義而不慊於晉楚之富與其爵也蓋謂晉楚於富者以其不過有所施而已然我之仁固足以有施矣晉楚貴於爵者以其足以有制而已然我之義固足以有制矣然則富之與爵而仁義得以并而有焉耳此曾子所以一於仁義之道而晉楚富貴不足爲富貴也孟子所以執此而語景子者意欲以比齊王之有富貴亦晉楚之富貴不是爲富貴也而我猶曾子但以仁義敵之何有不足於齊王哉此所以不欲朝王之意也天下有達尊三至惡得有其一

而慢其二哉者達通也孟子又言天下有達尊者有三爵一齒一德一是也自朝廷之間莫如以爵爲之尊自鄉黨之間莫如以齒爲之尊自輔治其世長養其民莫如以德爲之尊以其朝廷貴貴在爵故以爵爲朝廷之所尊鄉黨長長在齒故以齒爲鄉黨之所尊賢者有德故以之輔世而佐佑之則天下待之而後治以之長民則天下之民待之而後安故以德爲輔世長民之所尊今齊王但有其爵而安可止以一而慢去其齒德二者哉此孟子所以言齊王不能尊有德之士故於景子而云然也故將大有爲之君至而況不爲管仲者乎者孟子又言故將有大與爲之君必有所不可命召之臣凡欲有所謀計則就而謀以其不敢召也其尊德樂道不如此有謀則就而不召是不足有大興爲也故湯王之於伊尹乃就而師之然後方敢得而爲臣故湯王自七十里而爲天下但不待勞而爲之王者齊桓公之於管仲乃就而師之然後方敢得而爲臣故桓公亦不勞而爲諸侯之霸者今天下於齊國其地亦有類於湯桓其德又與湯桓齊等其未能有相加尚者無他事焉但湯桓好受臣其所教而齊王不好臣其所受教也夫以湯王之於伊尹齊桓之於管仲則不敢召而見之管仲霸者之佐且猶尚不可召見之而況我不爲管仲者乎此孟子所以見齊王之召已是以不往而見也○注

云東郭氏齊大夫家也。正義曰東郭者齊國之東地號爲東郭也經云卒之東郭墦間之祭者則東郭是齊國之東地也氏者未詳其人注云齊大夫家也以理測之孟子之所以弔問者必齊之賢大夫也如非大夫之等孟子亦何由而弔之。注孟仲子孟子之從昆弟而學於孟子者也。正義曰未詳以理推之則與孟子同姓必孟子從昆弟而學於孟子者也。注景丑氏齊大夫亦未詳其人也

陳臻問曰前日於齊王餽兼金一百而不受於宋餽七十鎰而受於薛餽五十鎰而受前日之不受是則今日之受非也今日之受是則前日之不受非也夫子必居一於此矣。陳臻孟子弟子兼金好金也其價兼倍於常者故謂之兼金一百百鎰也古者以一鎰爲一金一鎰是爲二十四兩也故云兼金一百百鎰也

孟子曰皆是也當在宋也予將有遠行行者必以贐辭曰餽贐予何爲不受贐送

行者贈賄之禮
也時人謂之贐

當在薛也予有戒心辭曰聞戒故爲兵餽之予何爲不受

戒有戒備不虞之心也時有
惡人欲害孟子孟子戒備薛
君曰聞有戒此金可鬻以作
兵備故餽之我何爲不受也

若於齊則未有處也無處而餽之是貨之也焉有君子而可以貨取乎

我在
齊時
無事於義未有所處也義無所處而餽之是以貨財取我欲
使我懷惠也安有君子而可以貨財見取之乎是其禮當其
可
也

【疏】陳臻問曰至可以貨取乎。正義曰此章言取與之道必得其禮於其可也雖少不辭義之無處兼金不顧也陳臻問曰前日於齊王餽兼金一百而不受至必居一於此矣者陳臻孟子弟子也問孟子前日於齊王之所而齊王餽賜兼金百鎰而不受於宋國但餽以七十鎰而受之於薛國餽以五十鎰而受之如爲前日在齊不受百鎰是則今日之受宋七十鎰爲非也如今日之受宋七十鎰爲是則前日在齊不受一百鎰爲非也夫子於此三者之間必居一於此矣孟子曰皆是也至而可以貨取乎者孟子荅弟子陳臻以爲此三者之間受與不受之所皆是也無有非也言我在宋之時以其我將有遠行行者必以有贐故餽之者乃爲之辭曰餽贐我何爲不受是所以受之也而不爲非也贐送行者之賄也我當在薛之時我有戒不虞之心以其時人欲害孟子也餽之者乃爲之辭曰聞孟子有戒欲以此金餽之可爲兵備之用也如此我何爲不受是所以受之也若於齊之時其以無事於我未有所處於我未有所處而餽我以金是以貨財見取於我也安有君子而可以貨取之乎是所以於齊不受百鎰亦爲是也云有處未有處者如宋以遠行乃以贐爲餽於薛有戒乃以兵爲餽是皆若有處以餽之也於齊亦無遠行亦無戒備餽之者亦無以辭處之而餽於我亦無有辭處而受之故也○注云陳臻孟子弟子至二十四兩○正義曰云弟子者蓋時有所問於孟子者即知爲弟子也如非弟子又安得有問於孟子云二十四兩爲鎰案國語有云二十四兩爲鎰又鄭注之文亦然

孟子之平陸謂其大夫曰子之持戟之士一日而三失伍則去之否乎平陸齊之邑也大夫居邑大夫也持戟戰士也一日三失其行伍則去之否乎去之殺之也以昭果毅曰不待三大夫曰一失之則行罰不及待三失伍也然則子之

失伍也亦多矣凶年饑歲子之民老羸轉於溝壑壯者散而之四方者幾千人矣轉轉尸於溝壑也此則子之失伍也曰此非距心之所得爲也距心大夫名曰此乃齊王之大政不肯賑窮非我所得專爲也曰今有受人之牛羊而爲之牧之者則必爲之求牧與芻矣求牧與芻而不得則反諸其人乎抑亦立而視其死與牧牧地以此喻距心不得自專何不致爲臣而去乎何爲立視民之死也曰此則距心之罪也距心自知以不去位爲罪者也他日見於王曰王之爲都者臣知五人焉知其罪者惟孔距心爲王誦之王曰此則寡人之罪也孔姓也爲都治都也邑有先君之宗廟曰都誦言也爲王言孔距心語者也王知本之在已故受其罪也【疏】孟子之平陸至

寡人之罪也正義曰此章言人臣以道事君否則奉身以退也孟子之平陸謂其大夫曰子之持戟之士一日而三失伍則去之否乎者孟子往齊平陸之邑謂其邑之大夫曰子之持戟之戰士一日三次失其行伍則殺之否乎曰不待三者邑大夫荅孟子以爲不待三次失行伍也言一次失行伍則殺之也然則子之失伍也亦多矣凶年飢歲子之民老羸轉於溝壑壯者散而之四方者幾千人矣者凶年飢歲子之邑民老羸弱者皆轉乎溝壑壯健者皆散而奔往於四方者幾近於一千人矣此孟子首以持戟之士失伍比之欲終以此諷之故也蓋軍法以五人爲伍而以下士一人爲之長則持戟之士伍長之士也所以保衛其伍者也不能保衛其伍故一日三失伍此不稱其職也如齊之平陸大夫所以保衛其邑之民不能保衛其邑之民故老弱轉溝壑壯者散四方其亦不稱職也孟子故以此喻而終歸諷之曰此非距心之所得爲也者距心齊大夫之名也距心言是其齊王行政故不肯發倉廩而賑救其民非我所得而專爲者也曰今有受人之牛羊而爲之牧之者則必爲之求牧與芻矣求牧與芻而不得則反諸其人乎抑亦立而視其死與者孟子又以此比喻而歸諷之也言今有受人之牛羊而爲牧養者則必於牛羊之主求其牧養之芻草矣求牧養與芻草而不得則歸反

還於其主乎抑亦但立視牛羊之死而不爲求牧與芻草歟故以比喻而諷問之曰此則距心之罪也者距心因孟子以此比喻乃自知以不去位爲罪也他日見於王曰王之爲都臣者臣知五人焉至此則寡人之罪也者言他日距心自見於王曰王之治都之臣者臣知五人焉然於此五人之中能知其有罪者惟孔距心故爲王言誦之孔距心之姓也王亦自知治都之臣有其罪者以其本皆自於己故云此則寡人之罪也○注邑有先君之宗廟曰都至不素餐兮○正義曰周禮云都鄙鄭注云都之所居曰鄙都鄙公卿大夫之采邑王弟子所食邑周召毛聃畢原之屬在畿內者祭祀其先君社稷者也云彼君子兮不素餐兮者詩國風伐檀之篇文也箋云彼君子者斥伐檀之人仕有功者乃肯受祿毛氏云孰食曰餐箋云如魚餐之餐

孟子謂蚳鼃曰子之辭靈丘而請士師似也爲其可以言也今既數月矣未可以言與

蚳鼃齊大夫靈丘齊下邑士師治獄官也周禮士師曰以五戒先後刑罰無使罪麗於民孟子見蚳鼃辭外邑大夫請爲士師知其欲近王以諫正刑罰之不中者數月而不言故曰未可以言歟以感責之也

蚳鼃諫

於王而不用致爲臣而去三諫不用致仕而去齊人曰所以爲蚳鼃則善矣所以自爲則吾不知也齊人論者譏孟子爲蚳鼃謀使之諫不用而去則善矣不知自諫不用而不去故曰我不見其自爲謀者公都子以告公都子孟子弟子也以齊人語告孟子也曰吾聞之也有官守者不得其職則去有言責者不得其言則去我無官守我無言責也則吾進退豈不綽綽然有餘裕哉官守居官守職者言責獻言之責諫諍之官也孟子言人臣居官不得守其職諫正君不見納者皆當致仕而去今我居師賓之位進退自由豈不綽綽然舒緩有餘裕乎綽裕皆寬也〔疏〕孟子謂蚳鼃曰至綽綽然有餘裕哉

○正義曰此章言執職者劣藉道者優也孟子謂蚳鼃曰子之辭靈丘而請士師似也至未可以言歟者孟子謂齊大夫蚳鼃曰子之辭去其靈丘之邑而請爲王治獄之官似近王得諫其刑罰不中者今既以數月矣而不言是其未可以言

歟否故以此責而感之也蚳鼃諫於王而不用致爲臣而去者於是蚳鼃諫於王而王不用其諫乃致其臣而去之齊人曰所以爲蚳鼃則善矣所以自爲則吾不知也者齊國之人見孟子謂蚳鼃乃言曰孟子所以爲蚳鼃使之諫不納用而去之則善矣美矣其所以自爲其己之諫不見納用而不去則我不知也以言其爲蚳鼃謀使之去而不知自去之故也公都子以告者公都子孟子弟子也公都子見齊國之人有此言乃以此言告於孟子曰吾聞之也有官守者不得其職則去有言責者不得其言則去我無官守我無言責則吾進退豈不綽綽然有餘裕哉者孟子荅公都子以爲我嘗聞之有居官守職者不得其職而守之則去之而致仕有言責諫諍之任不得其言而諫正其君則亦去而致仕今我無官職之所守又無言責而諫諍則我進退自由豈不綽綽然舒緩有餘裕哉綽裕皆寬裕也○注蚳鼃齊大夫靈丘齊下邑至罪麗於民○正義曰蚳鼃於他經傳未詳其人靈丘者案地理志曰代郡有靈丘縣是也云周禮士師曰以五戒先後刑罰毋使罪麗於民者今案其文云一曰誓用之于軍旅二曰誥用之于會同三曰禁用諸田役四曰糾用諸國中五曰憲用諸都鄙鄭注云先後猶左右也誓誥於書則甘誓大誥之屬禁則軍禮曰無干車無自後射此其類也糾憲未有聞焉

○注。臧武仲段干木。○正義曰：案魯襄公二十二年左傳云：臧武仲如晉，雨過御叔，御叔在其邑，將飲酒，曰：焉用聖人？我將飲酒而已，雨行，何以聖爲？穆叔聞之曰：不可使也。杜預云：御叔，魯御邑大夫。又武仲多知，時人謂之聖。云段干木偃寢而軾閭，案史記魏世家云：魏文侯受子貢經藝，客段干木，過其閭，未嘗不軾也，是矣。

孟子爲卿於齊，出弔於滕，王使蓋大夫王驩爲輔行。王驩朝暮見，反齊滕之路，未嘗與之言行事也。孟子嘗爲齊卿，出弔於滕君。蓋，齊下邑也。王以治蓋之大夫王驩爲輔行。輔，副使也。王驩，齊之諂人，有寵於齊，後爲右師。孟子不悅其爲人，雖與同使而行，未嘗與之言行事，不願與之相比也。公孫丑曰：齊卿之位不爲小矣，齊滕之路不爲近矣，反之而未嘗與言行事，何也？丑怪孟子不與驩議行事也。曰：夫既或治之，予何言哉？既，已也。或，有也。孟子曰：夫人既自謂有治行事，我將復何言哉？言其專知自善，不知諂於人也。蓋言道不合者故不相與言所以有是而言之也已【疏】孟子爲卿於齊至予何言哉○正義曰此章言道不合者不相與言也孟子爲卿於齊出弔於滕至未嘗與言行事也者言孟子嘗爲卿相於齊時自齊國出弔於滕國之君齊王使齊之下邑大夫名曰王驩者爲之輔行輔行言其爲副使也王驩旦夕見孟子及反歸自齊滕之道路而孟子未嘗與之言行事也公孫丑問曰齊卿之位不爲小矣齊滕之路不爲近矣反之而未嘗與言行事何也者公孫丑問孟子言齊王卿相之位不爲卑小矣自齊至滕其相去之路又不爲近矣然而自滕反歸齊其於道路之中未嘗與王驩言行治之事是如之何也以其公孫丑有怪孟子不與王驩言故問之以此耳曰夫既或治之予何言哉者孟子荅公孫丑以謂夫王驩既以嘗自謂有治行事我將復何言哉以其王驩自專爲善不諮訪人故孟子所以未嘗與之言也○注王驩後爲右師○正義曰此蓋推經於離婁篇有云孟子不與右師言右師不悅是知王驩後爲右師也王驩姓王名驩字子敖又云至於公行之喪以其禮解之者蓋亦經之文也

孟子注疏解經卷四上

廬陵劉氏
南昌校刊

孟子注疏卷四上挍勘記

阮元撰盧宣旬摘錄

旺相孤虛之屬也　閩監毛三本同音義本廖本孔本韓本考文古本旺作王

而破之走者　各本同岳本破作被

余爲能戰是也　閩監毛三本同廖本孔本韓本考文古本作若是之類也

使懷德也　閩監毛三本同廖本孔本韓本考文古本使下有民字

仗其道德而已矣　閩監毛三本同廖本孔本韓本考文古本作仗道德也

寡助之至　音義至或作主

章指言民和爲貴貴於天地故曰得乎丘民爲天子　足利本作天下非也

注得乎丘民而爲天子　按此章指文也浦鏜云今脫未知屬何節下非也

孟子雖仕齊閩監毛三本同岳本廖本孔本韓本仕下有於字

使人往謂孟子廖本孔本韓本考文古本同閩監毛三本往誤來

有惡寒之疾閩監毛三本同廖本孔本韓本考文古本疾作病

故稱其有疾而拒之也閩監毛三本同廖本孔本韓本考文古本無其字而拒之也四字

今日弔閩監本孔本韓本同廖本毛本日作以形近之譌考文引作今以弔云今下古本有日字足利本同尤非

從學於孟子者也閩監毛三本同廖本孔本韓本考文古本無從字

當必造朝也廖本孔本韓本同閩本當必誤倒監毛本承閩本之誤

而心不欲至朝各本同考文古本心作必

具以語景丑氏耳閩監毛三本同廖本考文古本景丑作景子無氏耳二字孔本韓本作且以語景子足利本作且以語景子耳

君臣主敬　石經諱敬作欽下並作欽

景丑責孟子　廖本孔本韓本同閩監毛三本丑作子

今人皆謂王無知　閩監毛三本孔本韓本同廖本考文古本皆作言誤

豈有如我敬王者也　閩監毛三本同廖本孔本韓本考文古本也作邪足利本作耶

禮父召無諾無諾而不至也　各本同考文古本無無諾二字

我豈謂是君臣召呼之間乎　廖本孔本韓本同閩監毛三本召呼誤倒

曾子豈嘗言不義之事邪　孔本韓本考文古本同閩監毛三本嘗誤常

我臣輕於王乎　考文古本同閩監毛三本孔本韓本足利本臣作豈按豈是也

桓公之於管仲　桓石經諱似作威

烈之卑也　閩監毛三本同廖本孔本韓本考文古本上有功字足利本也作耳

可從而受教者也閩監毛三本同廖本孔本韓本考文古本無而字也字

故非齊王之召已也是以不往而朝見於齊王也閩監毛三本同廖本孔本韓本考文古本上也字作已無而朝見於齊王六字足利本與古本同無上也字

章指言人君以尊德樂義爲賢君子以守道不回爲志

言晉楚二君之富閩監毛三本君作國

而晉楚富貴不足爲富貴也閩監毛三本爲上有以字

一鎰是爲二十四兩也故云兼金一百百鎰也閩監毛三本同廖本考文古本此十八字作鎰二十兩四字孔本韓本作鎰二十兩也足利本作鎰二十四兩○按作二十兩乃與爲巨室章合

可鬻以作兵備音義出可鬻云本或作育

安有君子而可以貨財見取之乎閩監毛三本同廖本孔本韓本考文古本無可之二字

是其禮當其可也閩監毛三本同廖本孔本韓本考文古本無此七字

章指言取與之道必得其禮於其可也雖少不辭義之無處兼金不顧

是則今日之受宋七十鎰爲非也如今日之受宋七十鎰爲是閩本同監毛本兩七十鎰下並有受薛五十鎰五字

平陸齊之邑也閩監毛三本同廖本孔本韓本考文古本之作下

以昭果毅閩監毛三本足利本同岳本孔本韓本以作戎與左傳合考文古本以上有戒字非

凶年饑歲閩監毛三本韓本同石經廖本孔本饑作飢

爲罪者也閩監毛三本同廖本孔本韓本考文古本無者字

爲王言孔距心語者也閩監毛三本同廖本孔本韓本考文古本言下有所與二字

故受其罪也閩監毛三本同廖本孔本韓本考文古本無也字

章指言人臣以道事君否則奉身以退詩云彼君子兮不素餐兮言不尸其祿也

他日距心自見於王補案距心自三字疑衍

邑有先君之宗廟曰都至不素餐兮閩本同監毛本刪至不素餐兮五字按不素餐兮章指文也僞疏連解之故出此文

云彼君子兮不素餐兮者詩國風伐檀之篇文也箋云彼君子者斥伐檀之人仕有功者乃肯受祿毛氏云孰

食曰餐箋云如魚餐之餐　閩本同監毛本刪去

無使罪麗於民　閩監毛三本同岳本廖本孔本韓本無作毋音義出毋使按作無非也

孟子爲蚳鼃謀　廖本閩本孔本韓本考文古本足利本同監毛本謀誤諫

不用而去　閩監毛三本同廖本孔本韓本考文古本無不用二字

不用而不去　閩監毛三本同廖本孔本韓本無不用二字而作又考文古本與廖本同又作亦

諫諍之官也　閩監毛三本同廖本孔本韓本諍作爭

皆當致仕而去　閩監毛三本孔本韓本同廖本仕作位

豈不綽綽然舒緩有餘裕乎　閩監毛三本同廖本孔本韓本作豈不綽然

章指言執職者劣藉道者優是以臧武仲雨行而不息段干木偃寢而式閭　考文古本誤問

○註臧武仲段干木○正義曰按魯襄公二十二年左傳云臧武仲如晉雨過御叔御叔在其邑將飲酒曰焉用聖人我將飲酒而已雨行何以聖爲穆叔聞之曰不可使也杜預云御叔魯御邑大夫又武仲多知時人謂之聖云段干木偃寢而軾閭按史記魏世家云魏文侯受子貢經藝客段干木過其閭未嘗不軾也是矣此僞疏釋章指文也閩本同監毛本删去

出弔於滕君閩監毛三本同廖本孔本韓本考文古本無於字

有寵於齊閩監毛三本同廖本孔本韓本考文古本齊作王

蓋言道不合者故不相與言所以有是而言之也已閩本同監

毛本孔本韓本考文古本無此二十字

章指言道不合者不相與言王驩之操與孟子殊君子處時危言遜行孔本韓本考文古本作危行言遜故不尤之但不與言至於公行之喪以禮爲解也

孟子注疏卷四上挍勘記　奉新趙儀吉校

孟子注疏解經卷第四下

公孫丑章句下　趙氏注　孫奭疏

孟子自齊葬於魯反於齊止於嬴充虞請曰前日不知虞之不肖使虞敦匠事嚴虞不敢請今願竊有請也木若以美然孟子仕於齊喪母而歸葬於魯也嬴齊南邑充虞孟子弟子敦匠厚作棺也事嚴喪事急木若以泰美然也曰古者棺椁無度中古棺七寸椁稱之自天子達於庶人非直爲觀美也然後盡於人心孟子言古者棺椁厚薄無尺寸之度中古謂周公制禮以來棺椁七寸椁薄於棺厚薄相稱相得也從天子至於庶人厚薄皆然但重累之數牆翣之飾有異非直爲人觀視之美好也厚者難腐朽然後。盡於人心所不忍也謂一世之後孝子更去辟世是爲人盡心也過是以往變化自其理也不得不可以爲悅無財不可以爲悅得之爲有財古之人皆用之吾何爲獨不然悅者孝子之欲厚送親得之則悅也王制所禁不得用之不可以悅心也無財以供則度而用之禮喪事不外求不可稱貸而爲悅也禮得用之財足備之古人皆用之我何爲獨不然不然者言其不如是也且比化者無使土親膚於人心獨無恔乎恔快也棺椁敦厚比親體之變化且無令土親膚於人子之心獨不快然無所恨也吾聞之君子不以天下儉其親我聞君子之道不以天下人所得用之物儉約於其親言事親竭其力者也論語曰生事之以禮死喪之以禮可謂孝也已

【疏】孟子自齊葬於魯至不以天下儉其親正義曰此章言孝必盡心匪禮之踰也孟子自齊葬於魯反於齊止於嬴者言孟子仕於齊國喪其母乃歸葬於魯國既葬又反於齊下嬴邑而止焉充虞請曰前日不知虞之不肖使虞敦匠事嚴虞不敢請今願竊有請也木若以美然者充虞孟子弟子也言孟子止於嬴邑弟子充虞請見於孟子曰前日孟子喪母之時孟子不知虞之不肖乃使虞敦

匠厚作其棺以其是時喪事嚴急故虞不敢請問孟子今孟子既葬而反願竊得而請問也木若以美然此充虞請問以此也其問孟子爲棺椁之木若以泰美然也曰古者棺椁無度中古棺七寸椁稱之自天子達於庶人非直爲觀美也然後盡於人心至吾聞之君子不以天下儉其親者此皆孟子荅充虞而言也言上古之人棺椁薄厚無尺寸之度自中古以來棺厚七寸以椁相稱之自天子通於庶人皆然非謂直爲人觀美好也然後乃爲盡於人心也以其不得其厚用之則不可以爲悅於心也既得以此厚用之而財物無以供贍其度亦不可以爲悅於心如得之以此厚用又有財物以供其度古之人皆用之以厚葬其親也我何爲而獨不如是也且棺椁敦厚比親體之變化無使其土壤親其肌膚於人子之心獨無快乎恔快也以其人子之心如此得厚葬其親乃快然而弗恨也我聞之君子者不以天下所得用者而儉薄其親也○注嬴齊南邑○正義曰案魯桓公三年左傳杜預注云嬴齊邑今泰山嬴縣是也○注重累之數牆翣之飾○正義曰案禮記檀弓云周人牆置翣鄭注云牆柳衣也凡此皆後王之制又案阮氏圖云柳柳車也四輪一輴車長丈二尺高五尺案喪大記云君飾棺黼翣二黻翣二畫翣二龍翣二禮器云天子八翣大夫四翣又鄭注喪大記引漢禮翣以

木爲筐廣三尺高二尺四寸方兩角高以白布畫著紫雲氣其餘各如其象柄長五尺車行使人持之而從以障既窆樹於壙中障柩也○注論語曰生事之以禮死葬之以禮○正義曰經於滕文之篇亦引爲曾子言也已說在前

沈同以其私問曰燕可伐與孟子曰可子噲不得與人燕子之不得受燕於子噲沈同齊大臣自以私情問非王命也故曰私子噲燕王也子之燕相也孟子曰可者以子噲不以天子之命而擅以國與子之子之亦不受天子之命而私受國於子噲故曰其罪可伐有仕於此而子悅之不告於王而私與之吾子之祿爵夫士也亦無王命而私受之於子則可乎何以異於是子謂沈同也孟子設此以譬燕王之罪齊人伐燕沈同以孟子言可因歸勸其王伐燕或問曰勸齊伐燕有諸有人問孟子勸齊王伐燕有之曰未也沈同問燕可伐與吾應之

曰可彼然而伐之也孟子曰我未勸王也同問可伐乎吾曰可彼然而伐之也彼如曰孰可以伐之則將應之曰爲天吏則可以伐之彼如將問我曰誰可以伐之我將曰爲天吏則可以伐之天吏天所使謂王者得天意者也彼不復問孰可便自往伐之矣今有殺人者或問之曰人可殺與則將應之曰可彼如曰孰可以殺之則將應之曰爲士師則可以殺之今以燕伐燕何爲勸之哉今有殺人者問此人可殺否將應之曰可爲士官主獄則可以殺之矣言燕雖有罪猶當王者誅之耳譬如殺人者雖當死士師乃得殺之耳今齊國之政猶燕政也不能相踰又非天吏也我何爲勸齊國伐燕國乎

疏沈同以其私問曰至何爲勸之哉○正義曰此章言誅不義者必須聖賢禮樂征伐自天子出王道之正者也沈同齊之大臣沈同以其私問曰燕可伐歟孟子曰可子噲不得與人燕子之不得受燕於子噲者子噲燕王名也子之燕相之名也言沈同非王命以

其私情自問孟子曰燕王可伐之歟孟子荅之以爲可伐之也蓋以燕王不得天子之命而擅與其國於子之子之亦不得天子之命而私受燕國於子噲故其專擅如此可以伐之也有仕於此而予悅之不告於王而私與之吾子之祿爵夫士也亦無王命而私受之於予則可乎何以異於是者此皆孟子設此譬喻王之罪而可伐者也吾予謂沇同也言今有爲之仕於此齊國而子喜悅之爲人乃不告於王而私自與之吾子之祿爵夫爲之士者又無王之所命而私自受祿爵於予則可矣否乎今燕王所以爲可伐之罪何以有異於此齊人伐燕者以其沇同問於孟子之言爲燕可伐於是歸勸齊王而伐之或問勸齊伐燕有諸者言有人或問於孟子以爲孟子勸齊伐燕是有勸之之言否曰未也沇同問燕可伐與吾應之曰可彼然而伐之也者孟子荅或人以爲我未嘗勸王也以其沇同問我謂燕可伐之歟我應之曰可彼以爲是而伐之也彼如曰孰可以伐之則將應之曰爲天吏則可以伐之者孟子又荅之或人言彼如問我曰誰可以伐之我將應之曰爲天吏天所使者則可以伐之矣今有殺人者或問之曰人可殺歟至何爲勸之哉者孟子又以此言而此喻齊之伐燕也言今有殺人者或問我曰人可以殺之歟我將應之曰可以殺之彼如復問誰可以殺之我則將應之曰爲

士師主獄之官則可以殺之矣今以齊國之政亦若燕之政是皆有燕之罪以燕伐燕我何為勸齊王以伐燕乎以其燕之雖有其罪亦當王者則可以誅之耳○注子噲燕王也子之燕相也○正義曰案史記世家云易王立十二年子燕噲立噲立齊人殺蘇秦蘇秦之在燕與其相子之為婚燕噲三年與楚三晉攻秦不勝而還子之相燕貴重主斷蘇代為齊使於燕燕王問曰齊王奚如對曰必不霸燕王曰何也對曰不信其臣於是燕王大信子之子之遺蘇代百金乃謂燕王不如以國讓子之子之以謂堯賢者讓天下於許由由不受有讓天下之名而實不失天下今王以燕國讓子之子之亦必不敢受是王與堯同行也燕王因屬國於子之子之大重於是南面行王事而噲老不聽政國事皆決於子之三年國大亂百姓恫恐孟軻謂齊王曰今伐燕此文武之時不可失也齊王因令章子將五都之兵以伐燕燕噲死齊大勝燕子之亡凡此是其事也○注云禮樂征伐自天子出○正義曰此蓋論語季氏孔子之言也言王者功成制禮治定作樂立司馬之官掌九伐之法諸侯不得制禮作樂賜弓矢然後專征伐是禮樂征伐自天子出也

燕人畔王

曰吾甚慙於孟子燕人畔不肯歸齊齊王聞孟子與沈同言為未勸王今竟不能有燕

故慙之陳賈曰王無患焉王自以爲與周公孰仁且智王曰惡是何言也陳賈齊大夫也問王曰自視何如周公仁智乎欲爲王解孟子意故曰王無患焉王歎曰是何言言周公何可及也曰周公使管叔監殷管叔以殷畔知而使之是不仁也不知而使之是不智也仁智周公未之盡也而況於王乎賈請見而解之賈欲以此說孟子也見孟子問曰周公何人也賈問之也曰古聖人也孟子曰周公古之聖人也曰使管叔監殷管叔以殷畔也有諸賈問有之否乎曰然孟子曰如是也曰周公知其將畔而使之與賈問之也曰不知也孟子曰周公不知其將畔也然則聖人且有過與過謬也賈曰聖人且猶有謬誤曰周公弟也管

叔兄也周公之過不亦宜乎孟子以爲周公雖知管叔不賢亦必不知其將畔周公惟管叔弟也故愛之管叔念周公兄也故望之親親之恩也周公之此過謬不亦宜乎且古之君子過則改之今之君子過則順之古之君子其過也如日月之食民皆見之及其更也民皆仰之今之君子豈徒順之又從爲之辭古之所謂君子眞聖人賢人君子也周公雖有此過乃誅三監作大誥明勑庶國是周公改之也今之所謂君子非眞君子也順過飾非或爲之辭孟子言此以譏賈不能匡君而欲以辭解之

【疏】燕人畔至又從爲之辭○正義曰此章言聖人親親不文其過小人順非以諂其上者也燕人畔王曰吾甚慙於孟子者言燕人皆離畔不肯歸齊王齊王聞孟子與沈同言未嘗勸王伐燕今果不能得燕乃曰我甚慙恥而見於孟子陳賈曰王無患焉王自以爲與周公孰仁且智者陳賈齊國之大夫也言於齊王以爲無用憂患慙於孟子也且王自以爲與周公孰仁且智乎賈欲以此解王故問之以此王曰惡是何

言也者齊王乃歎曰此是何言也周公大聖人安可得而及之曰周公使管叔監殷管叔以殷畔知而使之是不仁也不知而使之是不智也仁智周公未之盡也而況於王乎賈請見而解之者言陳賈謂周公使管叔爲三監於殷管叔乃背畔於殷周公知管叔有背畔之心而復使爲監是周公不仁也周公不知管叔將有背畔之心而使之爲監是周公之不智也仁與智而周公大聖人也尚未之能盡而況於齊王乎賈今請以此見孟子爲王解之見孟子問曰周公何人也賈遂見孟子果以此説問於孟子以謂周公是何等人也曰古之大聖人也孟子荅之以爲周公是古之大聖人也曰使管叔監殷管叔以殷畔也有諸賈又問孟子以謂周公使管叔爲監於殷管叔以殷而背畔之有之否乎曰然孟子荅之以是有之也曰周公知其將畔而使之與賈又問之以謂周公知管叔將欲背畔故使之爲監與曰不知也孟子荅之以爲周公不知管叔將背畔然則聖人且有過與賈又問之如是則周公爲古之大聖人尚且有過失乎曰周公弟也管叔兄也周公之過不亦宜乎孟子以爲周公雖知管叔不賢亦不能知其將有畔之心周公惟管叔弟也故愛之而使爲監管叔念是周公兄也故亦望之是則周公有是之過謬不亦宜之也以親親之故不得不然耳且古之君子過則改之至今

之君子又從爲之辭者孟子又言古之君子如周公雖有此過然而乃能誅三監作大誥以明勑庶國則周公故能改之也今之君子非眞君子有過則順而不改古之君子其有過也如日月之蝕焉民皆得知而見之及其更也民皆得而仰望之今之君子豈徒順其過而不改又且從其有過復作言辭以文飾其過耳孟子所以言此者以其欲譏陳賈不能匡正齊王之過又從爲此周公管叔之辭順其王之過而文之也○注燕人畔王聞孟子與沈同言正義曰此蓋前段案史記世家言之詳矣○注誅三監作大誥明勑庶國正義曰案尚書大誥篇云武王崩三監及淮夷叛周公相成王將黜殷作大誥孔安國云三監管蔡商是也言作大誥以誥天下又案史記云周公奉成王命興師東伐作大誥遂誅管叔殺武庚放蔡叔收殷餘民

孟子致爲臣而歸（辭齊卿而歸其室也）王就見孟子曰前日願見而不可得（謂未來仕齊也適聞孟子之賢而不能得見之）得侍同朝甚喜（來就爲卿君臣同朝得相見故喜之也）今又棄寡人而歸（今致爲臣棄寡人而歸）不識可以繼此而得見乎（不知可以

續今日之後遂使寡人得相見否乎對曰不敢請耳固所願也孟子對王言不敢自請耳固心之所願也孟子意欲使王繼今當自來謀也他日王謂時子曰我欲中國而授孟子室養弟子以萬鍾使諸大夫國人皆有所矜式子盍爲我言之時子齊臣也王欲於國中而爲孟子築室使教養一國君臣之子弟與之萬鍾之祿中國者使學者遠近均也矜敬也式法也欲使諸大夫國人皆敬法其道盍何不也謂時子何不爲我言之於孟子知肯就之否時子因陳子而以告孟子陳子孟子弟子陳臻也陳子以時子之言告孟子孟子曰然夫時子惡知其不可也如使予欲富辭十萬而受萬是爲欲富乎孟子曰如是夫時子安能知其不可乎時子以我爲欲富故以祿誘我我往者饗十萬鍾之祿以大道不行故去耳今更當受萬鍾是爲欲富乎距時子之言所以有是云也

季孫曰異哉子叔疑二子孟子弟子也季孫知孟子意不欲而心欲使孟子就之故曰異哉弟子之所聞也子叔心疑惑之亦以爲可就之矣使已爲政不用則亦已矣又使其子弟爲卿人亦孰不欲富貴而獨於富貴之中有私龍斷焉孟子解二子之異意疑心曰齊王使我爲政不用則亦自止矣今又欲以其子弟故使我爲卿而與我萬鍾之祿人亦誰不欲富貴乎是猶獨於富貴之中有此私登龍斷之類也我則恥之古之爲市也以其所有易其所無者有司者治之耳有賤丈夫焉必求龍斷而登之以左右望而罔市利人皆以爲賤故從而征之征商自此賤丈夫始矣古者市置有司但治其爭訟不征稅也賤丈夫貪人可賤者也入市則求龍斷而登之龍斷謂堁斷而高者也左右占視望見市中有利罔羅而取之人皆賤其貪者也故就征取其利後世緣此

遂征商人孟子言我苟貪萬鍾不恥屈道亦與此賤丈夫何異也古者謂周公以前周禮有關市之征也

疏孟子致爲臣而歸至自此賤丈夫始矣○正義曰此章言君子正身行道道之不行命也不爲利回也孟子致爲臣而歸是孟子辭齊卿而歸處於室也王就見孟子曰前日願見而不可得至不識可以繼此而得見乎是齊王見孟子辭齊卿而歸於室乃就孟子之室而見孟子曰前日未仕齊時聞孟子之賢願見之而不能得見後得侍於我而爲之卿遂得同朝相見故甚喜之今乃又棄去寡人而歸處於室我不知可以繼今日之後而使寡人得相見否故以此問孟子孟子對曰不敢請耳固所願也孟子意欲使王繼今日之後當自來就見故云不請見固我心之所願也他日王謂時子曰我欲中國而授孟子室至盍爲我言之時子齊王之臣也言自見孟子爲已往他日齊王又謂其臣時子曰我今欲以中國授孟子爲築一其室教養一國之子弟故賜予以萬鍾之祿使其諸大夫與一國之人皆有所敬法時子何不爲我以此言說之時子因陳子而以告孟子陳子陳臻也是孟子弟子也時子於是因陳臻而以齊王之言使陳臻告於孟子也陳子以時子之言告孟子至是爲欲富乎是陳子乃以時子所告齊王之言而告於孟子孟子乃荅之曰然如是也夫時子又安知其有

不可也知使我欲富其祿我以辭去十萬之祿而受其萬是以爲我欲其富乎云乎者是不爲欲富也孟子欲以此言距時子也季孫曰異哉子叔疑季孫子叔二子皆孟子弟子也季孫知孟子意不欲遂時子之言而心尚欲孟子就之故但言異哉弟子之所聞也子叔疑之亦以爲可就使已爲政不用則亦已矣又使其子弟爲卿至有私龍斷焉者孟子又言齊王使已爲政之道既以不得用則我亦以辭之而止於其室矣又欲以子弟之教而使我爲卿以與我萬鍾之祿人亦誰不欲其富貴乎然以此者是亦猶獨於富貴之中私登龍斷之類也以其恥之所以言然古之爲市也以其所有易其所無者至自此賤丈夫始矣者孟子又言古之所以爲市者以其有無相貿易耳有司者但治其爭訟而不征稅也有賤丈夫則必求巨龍壟斷之高者而登之以左右占望見市中有利罔羅而取之人皆以爲賤丈夫焉故後世亦從而征取其市中之稅以其所以征商之稅於後世者亦自此賤丈夫登龍斷而罔市利爲之始矣故曰故從而征之征商自此賤丈夫始矣周禮有司關司市是有司者也。注云古者謂周公前周禮有關市之征正義曰此蓋前篇說之詳矣此不復說

孟子去齊宿於晝。有欲爲王留行者晝齊西南近邑也孟

子去齊欲歸鄒至晝地而宿也齊人之知孟子者追送見之欲爲王留孟子行坐而言不應隱几而臥客危坐而言留孟子之言也孟子不應荅因隱倚其几而臥也客不悅曰弟子齊宿而後敢言夫子臥而不聽請勿復敢見矣齊敬宿素也弟子素持敬心來言夫子慢我不受我言言而遂起退欲去請絕也曰坐我明語子孟子止客曰且坐我明告語子昔者魯繆公無人乎子思之側則不能安子思泄柳申詳無人乎繆公之側則不能安其身往者魯繆公尊禮子思子思以道不行則欲去繆公常使賢人往留之說以方且聽子爲政然則子思復留泄柳申詳亦賢者也繆公尊之不如子思二子常有賢者在繆公之側勸以復之其身乃安矣子爲長者慮而不及子思子絕長者乎長者絕子乎長者老者也孟子年老故自稱長者言子爲我慮不如子思時賢人也不勸王使我得行道而但勸

我留留者何爲哉此爲子絕我乎又我絕子乎何爲而慍恨也〔疏〕孟子去齊至絕子乎○正義曰此章言惟賢能安賢智能知微以愚喻智道之所以乖也孟子去齊宿於晝有欲爲王留行者晝齊之近邑也言孟子去齊欲歸鄒至晝而宿齊人見之有欲爲王留行者也坐而言不應隱几而臥言爲王留行者危坐而説留孟子之行言孟子乃隱倚其几但臥而不應荅也客不悦曰弟子齊宿而後敢言夫子臥而不聽請勿復敢見矣客爲王留行者也齊敬也宿素也言客見孟子不應荅其言但隱几而臥焉遂欲退乃曰弟子素齊敬其心而後方敢言留夫子之行夫子今乃臥而不聽其言自今請絕於此後勿復更敢見夫子矣曰坐我明語子孟子遂止客且坐言我分明告於子云自昔繆公至長者絕子乎是皆明告之言也言往日魯國繆公無人於子思之側以子導達其意則不能安子思泄柳申詳無人於魯繆公之側以稱譽其賢則泄柳申詳不能安其身以其子思之於繆公師道也非求容者也故繆公無人於子思之側則不能安子思泄柳申詳之於繆公臣道也則求容者也故無人於繆公之側則不能安其身今孟子所以言此者是謂齊之士不能爲王謀安於孟子未去之前遠至出晝然後方爲留行此所以隱几臥而不荅也齊之留行之士不知以此但以爲孟子不

應遂不悅而請勿復見如此是留行之士不以安子思而謀安孟子但請勿復見爲言以其自絕於孟子矣故孟子所以言子爲長者慮而不及於子思是子絕其長者乎是長者絕子矣以其不以安子思而謀安孟子於未去之前是爲孟子慮者不及子思特欲爲泄柳申詳之所爲耳故孟子所以有是言之以曉其所以隱几而臥不應之意也長者孟子以年已之老自稱爲長者也○注晝齊西南近邑○正義曰蓋以鄒在魯而魯又在齊之西南上孟子去齊歸鄒至晝而宿是知晝之地爲齊之西南近邑者也故云近邑

孟子去齊尹士語人曰不識王之不可以爲湯武則是不明也識其不可然且至則是干澤也千里而見王不遇故去三宿而後出晝是何濡滯也士則茲不悅 尹士齊人也干求也澤祿也尹士與論者言之云孟子不知則爲求祿濡滯淹久也既去近留於晝三日怪其淹久故云士於此事則不悅也 高子以告 高子亦齊人孟子弟子以尹士之言告孟子也 曰夫尹士惡

知予哉千里而見王是予所欲也不遇故去豈予所欲哉予不得已也孟子曰夫尹士安能知我哉我不得已而去耳何汲汲而驅馳乎予三宿而出晝於予心猶以爲速王庶幾改之王如改諸則必反予我自謂行速疾矣冀王庶幾能反覆招還我矣夫出晝而王不予追也予然後浩然有歸志浩然心浩浩有遠志也予雖然豈舍王哉王由足用爲善王如用予則豈徒齊民安天下之民舉安王庶幾改之予日望之孟子以齊大國知其可以行善政故戀戀望王之改而反之是以安行也豈徒齊民安言君子達則兼善天下也予豈若是小丈夫然哉諫於其君而不受則怒悻悻然見於其面去則窮日之力

而後宿哉我豈若猾猾急小丈夫恚怒其君而去極日力而宿懼其不遠者哉論曰悻悻然小人哉言已志大在於濟一世之氓不爲小節也尹士聞之曰士誠小人也尹士聞義則服故曰士誠小人也

〈疏〉孟子去齊至士誠小人也○正義曰此章言大德洋洋介士察察賢者志其大者不賢者志其小者也孟子去齊者言孟子去齊而歸鄒也尹士語人曰至士則茲不悅尹士齊人也尹士見孟子去齊而宿於晝乃語人曰不知齊王不可以爲湯武之王則是孟子蒙昧而不明鑒也知齊王不可爲湯武之王然且自鄒至齊而爲仕則是孟子干求其祿也今自千里之遠而見齊王不遇不行其道故復去而歸然而三宿而後方出晝而行是何其濡滯淹久也我則以此不悅之也高子以告高子亦齊人爲孟子弟子也高子以此尹士語人之言而告於孟子曰夫尹士惡知予哉至而後宿哉孟子荅高子以爲夫尹士者安知我之志哉我千里而見王是我欲行道也不遇於齊王不得行其道故去豈我心之所欲哉我不得已而去之矣我三宿而後出晝邑而行於我心尚以爲急速也齊王如能改之使我得行其道則必反留我回耳夫出晝邑至三宿而齊不我追而還齊國我然後浩浩然有歸志也我雖然有浩然歸之之志

然而豈肯舍去王哉王猶可足用爲之善政王如用我則豈徒使齊國之民安泰天下之民亦皆安泰矣王庶幾能改而反我我日常望之於王矣我豈若狷狷急小丈夫恚怒其君而去爲其諫於君而不受則悻悻然心有所怒而見於面容去則極日力而後方止宿哉孟子如此所以云然也尹士聞之曰士誠小人也尹士聞孟子言之以此故服其義而言於孟子曰士實小人也以其不能知孟子之意有如此矣

孟子去齊充虞路問曰夫子若不豫色然前日虞聞諸夫子曰君子不怨天不尤人路道也於路中問也充虞謂孟子去齊有恨心顏色故不悅也曰彼一時此一時也五百年必有王者興其間必有名世者由周而來七百有餘歲矣以其數則過矣以其時考之則可矣彼時前聖賢之出是其時也今此時亦是其一時也五百年王者興有興王道者也名世次聖之才物來能名正於一世者生於聖人之間也七百有餘歲謂周家王迹始興大王文王以來

考驗其時則可有也 夫天未欲平治天下也如欲平治天下當今之世舍我其誰也吾何爲不豫哉 孟子自謂能當名世之士時又值之而不得施此乃天自未欲平治天下耳非我之愆我固不怨天何爲不悅豫乎是故知命者不憂不懼與天消息而已矣

【疏】孟子去齊充虞路問曰至吾何爲不豫哉○正義曰此章言聖賢興作與天消息天非人不因人非天不成也孟子去齊充虞路問曰至不尤人言孟子歸鄒弟子充虞於路中問孟子曰夫子若有不悅豫之顏色然前日虞聞夫子有言君子之人凡於事不怨恨於天不見過於人也曰彼一時此一時也至吾何爲不豫哉孟子荅充虞以謂彼時聖賢之所出是其時也此時今時亦是其一時也五百年之後必有王者興爲於其間亦必名世大賢者今自周與大王文王以來已有七百有餘歲矣以其年數推之則過於五百年矣以其時考之而其時亦可有也今天自未欲平治天下也如天欲使平治天下則當今之世捨我其誰哉此孟子所以歸於天命道行與不行皆未嘗有不悅之色也故曰吾何爲不豫哉蓋孟子所以言此者以其自謂能當名世之士而時又值不得施爾

孟子去齊

居休公孫丑問曰仕而不受祿古之道乎休地名丑問古人之道仕而不受祿邪怪孟子於齊不受其祿也曰非也於崇吾得見王退而有去志不欲變故不受也崇地名孟子言不受祿非古之道於崇吾始見齊王知其不能納善退出志欲去矣不欲即去若爲變詭見非太甚故且宿留心欲去故不復受其祿也繼而有師命不可以請久於齊非我志也言我本志欲速去繼見之後有師旅之命不得請去故使我久而不受祿耳久非我本志也

疏孟子去齊至非我志也○正義曰此章言祿以食功志以率事無其事而食其祿君子不由也孟子去齊居休休乃地名也言孟子去齊乃居於休之地蓋齊邑下之地也公孫丑問曰仕而不受祿古之道乎公孫丑問孟子曰夫爲仕而不受爵祿古之道誠然乎丑以其怪孟子於齊不受祿故以此問之曰非也於崇吾得見王至非我志也者孟子荅之曰我非不受祿也亦非古之道如此也然我於崇之地我始得見於齊王知王不能納善故退而有去之心又其不欲遽變爲苟去故於祿有所不受也無他以其道不行

不敢無功而受祿也已既去而齊王續以賓師之命而禮貌之故由足爲善遂不敢請去是以久留於齊非我之志也但不得已而已矣

孟子注疏解經卷第四下

[illegible]盧宣旬校定

大清嘉慶二十年用文選樓藏本校定

南昌縣知縣陳煦栞

孟子注疏卷四下挍勘記　阮元撰盧宣旬摘錄

孟子仕於齊　閩監毛三本孔本韓本同廖本仕作事案事仕宋刻書往往通用

而歸葬於魯也　閩監毛三本同廖本孔本韓本無而也二字考文古本引歸葬於魯也無而字

棺椁七寸　閩監毛三本同廖本孔本韓本考文古本足利本椁作厚是也此形近之譌

然後盡於人心　閩監毛三本同廖本孔本韓本考文古本足利本盡上有能字

不然者言其不如是也　閩監毛三本同廖本孔本韓本考文古本作然如是也

且無令土親膚　閩監毛三本同廖本孔本韓本考文古本膚上有肌字

論語曰生事之以禮死葬之以禮可謂孝也已　閩監毛三本同孔本韓本考文古本無十八字案此章指文也

章指言孝必盡心匪禮之踰論語曰生事之以禮死葬之

以禮可謂孝矣

高以白布閩本同監毛本高下有衣字案監本此處有剜改痕是監本據禮記注增也

沈同以其私問曰音義沈或作沉誤

我何爲勸齊國伐燕國乎閩監毛三本同廖本孔本韓本考文古本作我何爲當勸齊伐燕乎

章指言誅不義者必須聖賢禮樂征伐自天子出王考文古本作天道之正也

以其燕之雖有其罪閩本同監毛本無之字

陳賈齊大夫也問王曰自視何如周公仁智乎欲爲王解孟子意故曰王無患焉王歎曰是何言言周公何可及也

閩監毛三本同廖本孔本韓本此注分二段陳賈至患焉在經文孰仁且智下王歎至及也在經文是何言也下

周公使管叔監殷　石經殷諱作商下同

亦必不知其將畔　閩監毛三本同岳本廖本孔本韓本考文古本必不作不必

周公之此過謬　閩監毛三本同廖本孔本韓本考文古本之作於

章指言聖人親親不文其過小人順非以諂其上也

孟子致爲臣而歸　石經每章提行此獨不提行誤

故喜之也　閩監毛三本同廖本孔本韓本考文古本無之字

遂使寡人得相見否乎　閩監毛三本同廖本孔本韓本無乎字

孟子對王言不敢自請耳　閩監毛三本孔本韓本同岳本廖本王作曰

王欲於國中而爲孟子築室　閩監毛三本同廖本孔本韓本考文古本而作央

使教養一國君臣之子弟 閩監毛三本同廖本孔本韓本教養作養教

遠近均也 閩監毛三本同廖本孔本韓本均作鈞

距時子之言所以有是云也 閩監毛三本同廖本孔本韓本考文古本無所以有是云五字

子叔心疑惑之亦以爲可就之矣 閩監毛三本同廖本孔本韓本考文古本無惑之二字之矣作也

古之爲市也 石經閩監毛三本韓本同孔本也作者

左右占視望 閩監毛三本同廖本孔本韓本考文古本無視字足利本作左右皆望

人皆賤其貪者也 閩監毛三本同廖本考文古本無者字孔本韓本足利本無者也二字

有關市之征也 閩監毛三本同廖本孔本韓本征作賦考文古本征作稅

章指言君子正身行道道之不行命也不爲利回創業可繼是以君子以龍斷之人爲惡戒也

宿於晝各本同孔本韓本晝作畫注同案此當是采用舊說不必有本子也○按廣韻四十九宥晝字下云又姓晝邑大夫之後因氏焉出風俗通孟子晝字不當改爲畫字孔繼涵所引高郵老儒黃彥利之說但可存以參考

至晝地而宿也閩監毛三本同廖本孔本韓本考文古本無地字

追送見之閩監毛三本孔本韓本足利本同考文古本追作進

留孟子行閩監毛三本同廖本孔本韓本考文古本行上有之字

弟子齊宿而後敢言音義出齋宿云字亦作齋

其身乃安矣閩監毛三本同廖本孔本韓本考文古本矣作也

章指言惟賢能安賢智能知微以愚喻智道之所以乖也

淹久也 閩監毛三本足利本同廖本孔本作猶稽也韓本作孰稽也考文古本作熟稽也考文一本作淹留

怪其孰久 韓本考文古本同廖本孔本孰作猶閩監毛三本作淹

則不悅也 閩監毛三本同廖本孔本韓本無則字

夫尹士惡知予哉 此及下兩予字毛本誤子

悻悻然見於其面 音義出悻悻云字或作⿰忄巠⿰忄巠然

我豈若狷狷急小丈夫 閩監毛三本同岳本廖本孔本韓本考文古本不重狷字○按不重者是

論曰 閩監毛三本同廖本孔本韓本考文古本作論語曰○按趙注多稱論

故曰士誠小人也 閩監毛三本同廖本孔本韓本考文古本無此七字無者是

章指言大德洋洋介士察察賢者志其大者不賢者志其

小者此之謂也

夫子若不豫色然　補諸本若下有有字

顔色故不悦也　閩監毛三本同廖本孔本韓本考文古本無故字

彼時前聖賢之出是其時也　閩監毛三本同廖本孔本韓本考文古本無時字其作有足利本無之字

五百年王者興　閩監毛三本同廖本孔本韓本考文古本足利本年下有有字

正於一世者　閩監毛三本同廖本孔本韓本考文古本無於字

是故知命者不憂不懼與天消息而已矣　閩監毛三本同廖本孔本韓本考文古本無此文

章指言聖賢興作與天消息天非人不因人非天不成是

故知命者足利本無者字不憂不懼也

亦必名世大賢者閩本必下剜增有字監毛本同

不受其祿也閩監毛三本孔本同廖本韓本考文古本無其字

吾始見齊王閩監毛三本孔本韓本同廖本見上有得字

見非太甚閩監毛三本同廖本孔本韓本太作泰

故不復受其祿也閩監毛三本同廖本孔本韓本考文古本無其字也字

章指言祿以食功志以率事無其事而食其祿君子不由也

孟子注疏卷四下挍勘記　　奉新趙儀吉挍

孟子注疏解經卷第五上

滕文公章句上 凡五章

孫奭疏

趙氏注 滕文公者滕國名文謚也公者國人尊君之稱也是公於當時尊敬孟子問以古道猶衛靈公問陳於孔子論語因以題篇

疏 正義曰前篇章首論公孫丑有政事之才問管晏之功故曰公孫丑爲篇題蓋謂行政莫大乎反古之道是以此篇滕文公尊敬孟子問以古道如論語衛靈公問陳於孔子遂以目爲篇題不亦宜乎故次公孫丑之篇所以揭滕文公爲此篇之題也此此篇凡十五章趙注分之遂成上下卷據此上卷凡五章而已一章言人當上則聖人秉仁行義二章言事莫當於奉禮孝莫大於哀慟三章言尊賢師智采人之善修學校勸禮義勑民事正經界均井田賦什一四章言神農務本教於世民許行蔽道君臣同耕陳相背師降于幽谷孟子博陳堯舜上下之叙以正之五章言聖人緣情制禮以直正枉其餘十章趙注分爲下卷各有叙焉○注滕文公至題篇○正義曰案春秋魯隱公十一年滕侯薛侯來朝爭長

滕侯曰我周之卜正也乃長滕侯隱公七年杜預注云滕國在沛國公丘縣東南是滕文公之國即滕侯之後也謚法曰慈惠愛民曰。忠信接禮曰文論語第十五篇衛靈公問陳於孔子孔子對俎豆之事則常聞之軍旅之事未之學也遂以爲之篇題故也

滕文公爲世子將之楚過宋而見孟子孟子道性善言必稱堯舜文公爲世子使於楚而過宋孟子時在宋與相見也滕侯周文王之後也古紀世本録諸侯之世滕國有考。公麋與文公之父定公相直其子元公弘與文公相直似後世避諱改考。公爲定公以元公行文德故謂之文公也孟子與世子言人生皆有善性但當充而用之耳又言堯舜之治天下不失仁義之道故。勉世子。世子自楚反復見孟子從楚還復詣孟子欲重受法則也孟子曰世子疑吾言乎夫道一而已矣世子疑吾言有不盡乎。天下之道一。而已矣惟有行善耳復何疑邪成覸謂齊景公曰彼丈夫也我

丈夫也吾何畏彼哉成覸勇果者也與景公言曰尊貴者與我同丈夫。我亦能爲之何爲畏彼之哉顏淵曰舜何人也予何人也有爲者亦若是言欲有爲當若顏淵庶幾成覸不畏乃能有所成耳又以是勉世子也公明儀曰文王我師也周公豈欺我哉公明儀賢者也師文王信周公言其知所法則也今滕絶長補短將五十里也猶可以爲善國滕雖小其境界長短相補可得大五十里子男之國也尙可以行善者也書曰若藥不瞑眩厥疾不瘳書逸篇也瞑眩藥攻人疾先使瞑眩憒亂乃得瘳愈喻行仁當精熟德惠乃洽也

疏　滕文公爲世子至厥疾不瘳。正義曰此章言人上當則聖人秉仁行義者也滕文公爲世子將之楚過宋而見孟子孟子道性善言必稱堯舜者世子諸侯適子之稱也言滕文公爲世子之時往楚國而在宋國過見孟子孟子乃與世子文公道其人性皆有善但當行之而已凡有言則必以堯舜爲言蓋堯舜古之受禪之帝其治國所行之事皆爲後世所法故言

必堯舜之事言於世子文公以其欲勉世子文公也文公者後謚世子爲文公也世子自楚反復見孟子者是世子文公自宋而見孟子之後往至楚國又自楚國反歸復見孟子於宋國也孟子曰世子疑吾言乎夫道一而已矣者孟子見世子復見再有所問乃曰世子是疑我言有不盡故復見乎言道之在天下一而已惟當善行焉何必復疑而再欲問邪成覸謂齊景公曰彼丈夫也我丈夫也吾何畏彼哉者孟子又引往日成覸嘗謂齊景公曰彼之尊貴者即丈夫也我亦丈夫也言即一耳我何爲畏之哉是言我能爲之亦如彼之尊貴矣又何畏顏淵有曰舜何人也我何人也亦言其人即一耳但有能爲之者亦若此舜矣故曰舜何人也予何人也有爲者亦若是公明儀曰文王我師也周公豈欺我哉者孟子又以公明儀有曰文王者我師法者也周公豈欺誑我哉言周公我亦信而師法之耳今滕絕長補短將五十里也猶可以爲善國者孟子謂世子言今之滕國之地絕長補短其廣大亦將有五十里也尚可以爲行善之國也五十里者子男之國也故曰猶可以爲善國書曰若藥弗瞑眩厥疾不瘳者此蓋今之尚書說命之篇文也孟子引書云若藥之攻人人服之不以瞑眩憒亂則其疾以不愈也所以引此者蓋孟子恐云今滕國絕長補短將有五十里猶可爲善國有致世子

之所嫌乃引此而喻之抑亦所謂良藥苦口忠言逆耳之意而解世子又有以勸勉焉○注文公爲世子至勉世子也○正義曰此蓋古紀世本之文也云滕有考公麇與文公之父定公相直其子元公洪與文公相直後世因避諱之故更考公爲定公元公爲文公以其能安民大慮故以定爲謚以其能慈惠愛民故以文爲謚魯有文公定公之號周有文王定王之名其謚雖與滕君同然稱其實蓋不無異焉凡稱公者蓋古者天子有三公稱公王者之後稱公其餘大國稱侯伯小國稱子男之君亦得稱公者非僭之也以其國人尊之故稱公而已○注云成覸勇果者也公明儀賢者也○正義曰以意推之則成覸之勇果公明儀之賢者可知矣人亦未詳禮於檀弓有公明儀而注亦無所說亦以孟子之時事罕有所載學者亦不必規規務求極焉○注若藥不瞑眩厥疾不瘳○正義曰商書說命篇孔氏傳云開汝心沃我心如服藥必瞑眩極其病乃除欲其出切言以自警

滕定公薨世子謂然友曰昔者孟子嘗與我言於宋於心終不忘今也不幸至於大故吾欲使子問於孟子然後行事定公文公父也然友

世子之傳也大故謂大喪也然友之鄒問於孟子孟子歸在鄒也孟子曰不亦善乎親喪固所自盡也不亦者亦也問此亦其善也曾子曰生事之以禮死葬之以禮祭之以禮可謂孝矣曾子傳孔子之言孟子欲令世子如曾子之從禮也時諸侯皆不行禮故使獨行之也諸侯之禮吾未之學也雖然吾嘗聞之矣三年之喪齋疏之服飦粥之食自天子達於庶人三代共之孟子言我雖不學諸侯之禮嘗聞師言三代以事君臣皆行三年之喪齋疏齋衰也飦糜粥也然友反命定爲三年之喪父兄百官皆不欲也故曰吾宗國魯先君莫之行吾先君亦莫之行也至於子之身而反之不可父兄百官滕文同姓異姓諸臣也皆不欲使世子行三年

滕魯同姓俱出文王魯周公之後滕叔繡之後敬聖人故宗魯者也且志曰喪祭從先祖曰吾有所受之也父兄百官且復言也志記也周禮小史掌邦國之志曰喪祭之事各從其先祖之法言我轉有所受之不可於已身獨改更也一說吾有所受之世子言我受之於孟子也故曰吾有所受謂然友曰吾他日未嘗學問好馳馬試劍今也父兄百官不我足也恐其不能盡於大事子爲我問孟子父兄百官見我他日所行謂我志行不足似恐我不能盡大事之禮故止我也爲我問孟子當何以服其心使其信我也然友復之鄒問孟子孟子曰然不可以他求者也孔子曰君薨聽於冢宰歠粥面深墨即位而哭百官有司莫敢不哀先之也孟子言如是不可用他事求也喪尚哀惟當以哀戚戚之耳國君薨委政冢宰大臣嗣君但盡哀情歠粥不食顏色深墨深甚也墨黑也

即喪位而哭百官有司莫敢不哀者以君先哀之也上有好者下必有甚焉者矣君子之德風也小人之德草也草上之風必偃是在世子上之所欲下以爲俗尚加也偃伏也以風加草莫不偃伏也是在世子以身帥之也然友反命世子曰然是誠在我世子聞之知其在身欲行之也五月居廬未有命戒百官族人可謂曰知諸侯五月而葬未葬居倚廬於中門之内也未有命戒居喪不言也異姓同姓之臣可謂曰知世子之能行禮也及至葬四方來觀之顏色之戚哭泣之哀弔者大悅四方諸侯之賓來弔會者見世子之憔悴哀戚大悅其孝行之高美也已

【疏】滕定公薨至弔者大悅○正義曰此章言事莫當於奉禮孝莫大於哀慟從善如流文公之謂也滕定公薨者滕文公之父死也世子謂然友曰昔者孟子嘗與我言於宋於心終不忘今也不幸至於大故吾欲使子問於孟子然後行事者然友世子之傅也世子謂然友言往日孟子

曾與我言於宋國之事於我心至今常存終不爲忘之也今也不幸至於父喪之大故我欲使子問於孟子然後行其父喪之事然友之鄒問於孟子者孟子將以自宋歸鄒也然友乃往鄒國問孟子以世子所問之事孟子曰不亦善乎親喪固所自盡也者孟子荅然友謂不亦善然友以世子所問也曾子曰生事之以禮死葬之以禮祭之以禮可謂孝矣至三代共之者孟子以此荅然友之問言曾子謂父母在生之時當以禮奉事之如冬溫夏凊昏定晨省是其禮也父母死之時當以禮安葬之如擗踊哭泣哀以送之卜其宅兆而安厝之是其禮也及祭之禮如春秋祭祀以時思之陳其簠簋而哀戚之是也能如此則可謂之能孝者矣如問其諸侯所行之禮則我未之學也雖然爲未嘗學諸侯之禮我嘗聞知之矣言嘗聞三年父母之喪以齊疏齊衰之服以饘粥之食凡此三年之喪自上至於天子下而達於庶人三代夏商周共行之矣然友反命者然友自鄒得孟子之言乃反歸命告於滕公也定爲三年之喪父兄百官皆不欲也故曰吾宗國魯先君莫之行也至於子之身而反之不可者是世子因然友問孟子歸後乃定爲三年之喪事其滕之同姓與異姓諸臣皆不欲爲三年之喪遂曰我宗國魯先君莫之嘗行此三年喪禮我之先君亦莫之嘗行也今至於子之身而反違之以

爲三年之喪不可言其不可反背先君而以自爲三年喪之禮也且志曰喪祭從先祖曰吾有所受之也父兄百官言之後復引記有曰喪祭之事各從其先祖之法我但有所承受之也不可於已身獨改更爲三年喪耳滕與魯同姓俱出魯周公之後故云吾宗國魯先君志記也謂然友曰吾他日未嘗學問好馳馬試劍今也父兄百官不我足也恐其不能盡於大事子爲我問孟子者滕文公既定爲三年之喪禮而父兄百官見之皆不欲爲乃復謂然友曰我所往他日未嘗學問禮但好驅馳走馬試劍事今也定爲三年之喪父兄百官見之皆謂我志不足以行此三年之喪恐其不能盡於大事之禮子復爲我之鄒問孟子以爲如何當使父兄百官服其心而信我也然友復之鄒問孟子者是然友自文公所乃因其命而復往鄒國見孟子而問焉孟子曰不可以他求也孔子曰君薨聽於冢宰歠粥面深墨即位而哭百官有司莫敢不哀先之也至是在世子者孟子荅然友爲世子之問言如此則不可更以他事求也惟當以哀戚感之耳故引孔子曰國君之薨其政事皆委冢宰大臣聽行之嗣君者但歠糜粥而不食面之顏色亦變爲甚黑之色即喪位而哀哭之故百官有司莫敢不哀先之也是所謂上有所好者下必有甚焉者耳且君子之德如風也小人之德如草也草加之以風必偃

伏而從風所趨耳是在世子但以身率之爾凡此皆孟子荅然友爲世子之問而以此復教之矣然友反命世子曰是誠在我者然友自問孟子之後乃以孟子之言反歸告於世子世子於是五月居於喪廬不敢入處故未有命以令人未有戒以號人以其在外思之而不言也百官族人皆以爲知禮能行三年之喪乃曰可謂曰知以其百官族人指文公而言也及至葬四方來觀之顏色之戚哭泣之哀弔者大悅者言及至葬日四方諸侯來弔慰而觀之顏色之戚而形於容哭泣之哀而形於聲於是弔之者皆大悅以喜其有孝行也○注定公文公父也○正義曰說在前段已詳矣○注曾子傳孔子之言○正義曰案論語孟孫問孝於孔子孔子對曰生事之以禮死葬之以禮祭之以禮是曾子傳孔子之言而云孟子所以引爲曾子言矣○注滕魯國同姓俱出魯周公之後○正義曰案魯隱公十一年滕侯與薛侯爭長薛侯曰我先封滕侯曰我周之卜正也薛庶姓也我不可以後之公使羽父請於薛侯曰君與滕侯辱在寡人周諺有之曰山有木工則度之賓有禮主則擇之周之宗盟異姓爲後寡人若朝于薛不敢與諸任齒君若辱貺寡人則願以滕君爲請薛侯許之乃長滕侯杜預云薛任姓以此推之則知滕爲魯之後與魯同姓也○注周禮小史掌邦國之志至孟子也○正義

曰鄭司農云志謂記也春秋傳所謂周志國語所謂鄭志之屬也兩說者其意皆行謂之父兄百官言亦行謂之世子亦行但不逆意則可矣○注諸侯五月而葬未葬居倚廬於中門之內也○正義曰案左傳隱公元年云天子七月而葬同軌畢至諸侯五月而葬同盟至大夫三月同位至士踰月外姻至父大喪記云父母之喪居倚廬是也

滕文公問爲國孟子曰民事不可緩也問治國之道也民事不可緩之使怠惰當以政督趣教以生產之務也詩云晝爾于茅宵爾索綯亟其乘屋其始播百穀詩邠風七月之篇言教民晝取茅草夜索以爲綯綯絞也及爾閒暇亟而乘蓋爾野外之屋春事起爾將始播百穀矣言農民之事無休已民之爲道也有恒產者有恒心無恒產者無恒心苟無恒心放僻邪侈無不爲已及陷乎罪然後從而刑之是罔民也焉有仁人在位罔民而可爲也義與上篇同孟子既爲齊

宣王言之滕文公問復爲究陳其義故各自載之也是故賢君必恭儉禮下取於民有制古之賢君身行恭儉禮下大臣賦取於民不過什一之制也陽虎曰爲富不仁矣爲仁不富矣陽虎魯季氏家臣也富者好聚仁者好施施不得聚道相反也陽虎非賢者也言有可采不以人廢言也夏后氏五十而貢殷人七十而助周人百畝而徹其實皆什一也徹者徹也助者藉也夏禹之世號夏后氏后君也禹受禪於君故夏稱后殷周順人心而征伐故言人也民耕五十畝貢上五畝耕七十畝者以七畝助公家耕百畝者徹取十畝以爲賦雖異名而多少同故曰皆什一也徹猶取人徹取物也藉者借也猶人相借力助之也龍子曰治地莫善於助莫不善於貢貢者挍數歲之中以爲常龍子古賢人也言治土地之賦無善於助者也貢者挍數歲以爲常類而上之民供奉之有易有不易故謂之莫不善於貢也樂歲粒米狼

戾多取之而不爲虐則寡取之凶年糞其田而不足則必取盈焉樂歲豐年狼戾猶狼藉也粒米粟米之粒也饒多狼藉棄捐於地是時多取於民不爲暴虐也而反以常數少取之至於凶年饑歲民人糞其田尚無所得不足以食而公家取其稅必滿其常數焉不若從歲饑穰以爲多少與民同之也爲民父母使民盻盻然將終歲勤動不得以養其父母又稱貸而益之使老稚轉乎溝壑惡在其爲民父母也盻盻勤苦不休息之貌勤作稱舉也言民勤身動作終歲不得以養食其父母公賦當畢有不足者又當舉貸子倍而益滿之至使老少轉尸溝壑安可以爲民之父母也夫世祿滕固行之矣古者諸侯卿大夫士有功德則世世祿賜族者也官有世功也其子雖未任居官得世食其父祿賢者子孫必有土之義也滕固知行是矣言亦當恤民之子弟閔其勤勞者也詩云雨我公田遂及我私惟助爲有公田由

此觀之雖周亦助也詩小雅大田之篇言太平時民悅其上願欲天之先雨公田遂以次及我私田也猶殷人助者爲有公田耳此周詩也而云雨公田知雖周家之時亦有助之之制也設爲庠序學校以教之以學習禮教化於國庠者養也校者教也序者射也夏曰校殷曰序周曰庠學則三代共之皆所以明人倫也養者養耆老教者教以禮義射者三耦四矢以達物導氣也學則三代同名皆謂之學學乎人倫人倫者人事也猶洪範曰彝倫攸序謂其常事有序者也人倫明於上小民親於下有王者起必來取法是爲王者師也有行三王之道而興起者當取法於有道之國也詩云周雖舊邦其命惟新文王之謂也子力行之亦以新子之國詩大雅文王之篇言周雖后稷以來舊爲諸侯其受王命惟文王新復修治禮義以致之耳以是勸勉文公欲使庶幾新其國也

使畢戰問井地畢戰滕臣也問古井田之法時諸侯各去典籍人自爲政故井田之道不明也孟子曰子之君將行仁政選擇而使子子必勉之夫仁政必自經界始經界不正井地不鈞穀祿不平子畢戰也經亦界也必先正其經界勿侵鄰國乃可均井田平穀祿穀所以爲祿也周禮小司徒云乃經土地而井○其田野言正其土地之界乃定受其井牧之處也是故暴君汙吏必慢其經界經界既正分田制祿可坐而定也暴君殘虐之君汙吏貪吏也慢經界不正也必相侵陵長爭訟也分田賦盧井也制祿以庶人在官者比上農夫轉以爲差故可坐而定也夫滕壤地褊小將爲君子焉將爲野人焉無君子莫治野人無野人莫養君子褊小謂五十里也爲有也雖小國亦有君子亦有野人言足以爲善政也請野九一而助國中什一使自

賦九一者井田以九頃爲數而供什一郊野之賦也助者殷家稅名也周亦用之龍子所謂莫善於助也時諸侯不行助法國中什一者周禮園廛二十而稅一時行重法賦責之什一也而如也自從也孟子欲請使野人如助法什一而稅之國中從其本賦二十而稅一以寬之也

卿以下必有圭田圭田五十畝餘夫二十五畝古者卿以下至於士皆受圭田五十畝所以供祭祀也圭潔也士田故謂之圭田所謂惟士無田則亦不祭言絀士無潔田也井田之民養公田者受百畝圭田半之故五十畝餘夫者一家一人受田其餘老小尚有餘力者受二十五畝半於圭田謂之餘夫也受田者田萊多少有上中下周禮曰餘夫亦如之亦如上中下之制也王制曰夫圭田無征謂餘夫圭田皆不當征賦也時無圭田餘夫孟子欲令復古所以重祭祀利民之道也

死徙無出鄉死謂葬死也徙謂受土易居也肥磽也不出其鄉易爲功也

鄉田同井出入相友守望相助疾病相扶持則百姓親睦同鄉之田共井之家各相營勞也出入相友相友耦也周禮大宰曰八曰友以任得民守望相助助察姦

惡○也疾病相扶持扶持其羸弱○救其困急皆所以教民相親睦之道和睦○也方里而井井九百畝其中爲公田八家皆私百畝同養公田公事畢然後敢治私事所以別野人也方一里者九百畝之地也地○爲一井八家各私得百畝同共養其公田之苗稼公田八十畝其餘二十畝以爲廬井宅園圃家一○畝半也先公後私遂及我私之義也則是野人之事所以別於士伍者也此其大略也若夫潤澤之則在君與子矣略要也其井田之大要如是也而加慈惠潤澤之則在滕君與子共勠力撫循之也〔疏〕滕文公問爲國至則在君與子矣○正義曰此章言尊賢師知采人之善修學校勸禮義敕民事正經界均井田賦什一則爲國之大本也滕文公問爲國者滕文公問孟子治國之道也孟子曰民事不可緩也者孟子荅文公言治國之道惟民事當急而不可緩也詩云晝爾于茅宵爾索綯亟其乘屋其始播百穀者此蓋詩之豳風七月之篇文也言民事於日中則取茅夜中以索綯綯絞索也晝日中也宵夜中也及爾閒暇之時則亟疾乘蓋其野外之屋春

事始興以爲播百穀爲也以其民事常無休已孟子所以引此而教之文公也亦欲文公教民如此者焉民之爲道也有恒產者有恒心無恒產者無恒心苟無恒心放辟邪侈無不爲已及陷乎罪然後從而刑之是罔民也焉有仁人在位罔民而可爲也者此義同前篇此所以復言之者以其前篇孟子爲齊宣陳之也此篇蓋因文公爲治國之道故孟子復此爲荅遂兩載焉此更不說是故賢君制民必恭儉禮下取民有制者言古之賢君必身行恭儉恭則不侮人儉則不奪人民非特不侮人不奪人且又禮下接於賢人其取民之賦又有什一之制什一蓋十分則取一而已陽虎曰爲富不仁矣爲仁不富矣者陽虎魯季氏之家臣也孟子言陽虎有云凡爲富者則常聚民之財賄爲已所有故不仁凡爲仁者以其常務博施濟衆故不能富矣孟子今引之而教文公者蓋欲使得其中矣夏后氏五十而貢殷人七十而助周人百畝而徹其實皆什一也徹者徹也助者藉也者言夏后氏之時民耕五十畝田其於貢上之賦但五畝而已是夏后氏五十而貢也殷人之時民耕七十畝田其助公家則七畝而已是殷人七十而助也周人之時民耕百畝其徹取之賦則十而已是周人百畝而徹也摠而論之其實皆什一之賦也徹者徹也助者藉也此孟子自解之義也徹猶徹取助但借民力而耕

之矣故藉借也夏后氏與殷人周人之稱不同者蓋禹之受禪以繼舜有天下故夏稱后后君也殷周以征伐順人心而有天下故云人也龍子曰治地莫善於助莫不善於貢貢者按數歲之中以爲常者龍子蓋古之賢人也孟子言龍子有云治上地之賦莫善於助者也莫不善於貢也以其助則借民力而耕之其所出在歲之所熟如何耳貢者以其撿按數歲之中以爲有常之例也其歲之所熟則貢之數亦然歲之荒則貢之數亦然蓋以歲荒則有損於民也故曰莫善於助莫不善於貢樂歲粒米狼戾多取之而不爲虐則寡取之凶年糞其田而不足則必取盈焉者此亦孟子自解其上文之言也言豐樂之歲其粒米狼藉饒多雖多取之而不爲暴虐則以寡取之凶荒之年糞其田尙不足則以取滿其常數焉是則按數歲之中以爲常之意也爲民父母使民盻盻然將終歲勤動不得以養其父母又稱貸而益之使老稚轉乎溝壑惡在其爲民父母也孟子言人君爲下民之父母使民盻盻相顧將至終歲勤苦勞動不得以贍養其父母人君在上又更稱貸而益之以滿其常數之貢致使老少羸弱飢餓而轉尸於溝壑之中如此安更可在上爲下民父母也言其不足以爲民父母矣以其爲民父母當子養其民不當如此故也夫世祿滕固行之矣孟子言今夫滕國於世祿固已知行

之矣但亦當憐憫民之老少與其勤勞者也世祿者以其有功德之臣則世祿之賜其土地也謂其子雖未任居官得食其父之祿亦必有土地祿之也詩云雨我公田遂及我私惟助爲有公田由此觀之雖周亦助也者此詩蓋小雅大田之篇文也惟助至助也孟子又自言之因詩而解周之亦助也其詩蓋謂民樂其上願欲天之先雨及公田次及我等私田也孟子緣此而觀之遂知雖周百畝而徹取之賦其亦有助之制焉以其惟行助則爲有公田如貢徹則非有公田矣孟子於此所以復辨其周之亦有助法而取民之賦蓋謂其莫善於助之義也設爲庠序學校以教之者此孟子亦欲文公富而教之之意也言又不特止於制民之賦而已既制其祿又當開設爲之庠序學校以教之矣故曰庠者養也校者教也序者射也至是爲王者師也者此孟子欲詳說其庠序學校之意也言庠者所以養耆老於此者也校者所以教禮義於此者也序者所以講射於此而行尊卑揖遜之禮者也夏之時謂之校殷之時謂之序周之時謂之庠然而爲學則三代皆共之皆所以於此而明人倫之序大倫既備明於上小民既親之於其下如有王者與起而用之必來取法於此是爲王者之師也孟子所以區區爲滕文公言及此又欲文公由此化民成俗故也詩云周雖舊邦其命惟新文王之謂也

子力行之亦以新子之國者詩云蓋詩大雅文王之篇文也其時周雖自后稷以來但爲之舊邦其受王命復脩治而維新之是文王之謂也孟子言文公但能力行如此而脩治亦以新子之國矣以其欲以此勉文公使庶幾新其國也使畢戰問井地畢戰滕文公之臣也滕文公自問爲國之道孟子告之民事貢賦教禮義之意其後又使其臣畢戰問孟子以井地之制也孟子曰子之君將行仁政選擇而使子子必勉夫仁政必自經界始經界不正井地不鈞穀祿不平者而以○至在君與子矣皆孟子荅畢戰問井地之制也孟子言子之君將欲行其仁政選擇而使子來問以井地之制子必當勉力與民同行之耳夫仁政必自經界爲始如經界不能正之則井地由此不均齊井地不均則穀祿亦不平矣穀所以爲祿故云穀祿是故暴君汙吏必慢其經界至定也者孟子言此故暴虐之君汙濫之吏必慢其經界所以告之以此者孟子欲滕君不爲暴君畢戰不爲汙吏也故如是云然經界旣以正則田由此而分平祿由是而得制是其分田制祿可坐而定之也以言其易定也夫滕壤地褊小將爲君子焉將爲野人焉無君子莫治野人無野人莫養君子孟子言今夫滕國土壤之地褊小卽止於五十里然將爲之君子人焉爲之野人焉以其無君子則莫能治其野人無野人則莫能養其

君子孟子所以言此者蓋以滕國亦有君子亦有野人足以爲善政也請野九一而助國中什一使自賦至若夫潤澤之則在君與子矣者此皆孟子欲滕國爲善政故以是請教之也今言請於郊野行井田之制以九一而助佐公田爲之賦國中廛園以什一之法使貢自賦之以其十中取一也古者自鄉以下皆有其圭田謂之圭田者所以名其潔而供祭祀之田也言自鄉以下皆受此圭田五十畝餘夫二十五畝以其一家之人受田其餘老少尚有餘力者亦受此圭田二十五畝而已死徙無出鄉以其死葬易居無出其本鄉耳鄉田同井出入相友守望相助疾病相扶持則百姓親睦以其謂同鄉之田共井之家者凡有出入皆相交友爲伴所以同其心也相助以守而此不可以威武奪相助以望而彼不得以投隙來疾病則相扶持其羸弱而救其困急則百姓於是相親和睦矣方里而井以其方一里之地爲之井田九百畝以其一井之田有九百畝其中爲公田以其九百畝於井中抽百畝爲公田之苗稼八家皆私百畝以其八口之家皆受八百畝以爲已之私田苗稼同養公田公事畢然後敢治私事以其八口之家同共耕養其公田及至公田之事了畢然後耕治已之私田以爲之私事所以別野人也此所以爲野人之事以別於士伍者也此其大略也若夫潤澤之則在君與

子矣孟子言此則井田之大要如是也若夫加之以慈惠潤澤之則有在於滕君與子矣子者稱畢戰爲子也○注詩邠風七月之篇至無休已○正義曰毛氏云宵夜也綯絞也乘升也箋云爾女也汝當晝日往取茅歸夜作絞索以待時用亟急也乘治也十月定星將中急當治野廬之屋其始播百穀謂期來年百穀于公社也此詩蓋陳王業之艱難○注陽虎魯季氏家臣非賢者也○正義曰案論語云陽貨欲見孔子孔子不見孔傳云陽貨陽虎也季氏之家臣而專魯國之政是則姓陽名虎字貨也孔子不見所以知其非賢故也○注詩小雅大田之篇至亦助也○正義曰此蓋幽王之詩也箋云其民之心先公後私令天注雨於公田因及私田爾言民怙君德蒙其餘惠○注洪範彝倫攸敘○正義曰孔安國云彝倫常道也言常道所以次敘也洪大也範道也此箕子陳之於武王者也○注詩大雅文王之篇○正義曰此詩蓋言文王受命作周箋云大王聿來胥宇而國於周王迹起矣而未有天命至文王而受命言新者美之也○注周禮小司徒曰乃經土地而井牧其田野○正義曰鄭注云小司徒爲經之立其五溝五塗之界其制似井之字因取名焉鄭司農云井牧者春秋傳所謂井衍沃牧隰皐者也鄭玄云隰皐之地九夫爲牧二牧而當一井今造都鄙授民田有不易者有

一易者有再易者通率二而當一是之謂井牧昔少康在虞思有田一成有衆一旅一旅之衆而田一成則井牧之法先古然矣九夫爲井者方一里九夫所治之田也此制小司徒經之匠人爲之溝洫相包乃成耳○注周禮園廛二十而稅一○正義曰鄭司農云園廛亦輕之者廛無穀園少利也○注周禮曰餘夫亦如之王制曰夫圭田無征○正義曰鄭司農云戶計一夫一婦而賦之田其一戶有數口者餘夫亦受此田也夫圭田無征者鄭氏云夫猶治也征稅也治圭田者不稅所以厚賢也此則周禮之士田以在近郊之地者也○注周禮大宰曰八曰友以任得民○正義曰案大宰之職以九兩繫邦國之民一曰牧以地得民二曰長以貴得民三曰師以賢得民四曰儒以道得民八曰友以任得民九曰藪以富得民注云兩猶耦也所以協耦萬民繫聯綴也牧州長也長諸侯也師諸侯師氏有德行教民者也儒諸侯保氏有六藝以教民者也宗繼別爲大宗收族者也鄭司農云主謂公卿大夫世世食至不絕者也吏小吏在鄉邑者友謂同井相合耦耡作者藪亦有虞掌其政令爲之厲禁者使其地之民守其財物者此大宰之職有是以掌之也

孟子注疏解經卷第五上

[illegible]清嘉慶二十[illegible]書
用文選樓藏本校

武寧盧氏宣旬校栞

南昌縣知縣陳煦栞

孟子注疏卷五上挍勘記　　阮元撰盧宣旬摘録

旻公於當時　閩監毛三本孔本韓本作文公於當時宋本無於當時三字

猶衛靈公問陳於孔子論語因以題篇　閩監毛三本孔本韓本同宋本考文古本作若弟子之問師故以題篇

慈惠愛民曰　此下脫文字閩本同監毛本增是也

考公麋　閩監毛三本同廖本孔本韓本麋作麋音義云從禾作穈是也考文古本考公作孝公下同

似後世避諱　孔本似作以

故勉世子　閩監毛三本同廖本孔本韓本考文古本作欲勸勉世子也

天下之道一而已矣　閩監毛三本同廖本作夫天下之道一言已矣孔本韓本作夫天下之道一言而已考文古本足利本一而已矣作一言而已

復何疑邪閩監毛三本同廖本孔本韓本考文古本邪作也

同丈夫閩監毛三本同宋本孔本韓本考文古本下有耳字

何爲畏彼之哉閩本同監毛本考文古本作我何爲畏之哉孔本韓本無彼字

言欲有爲閩監毛三本同孔本韓本考文古本爲上有所字

可得大五十里廖本孔本韓本考文古本同閩監毛三本大誤夫

若藥不瞑眩音義云又作眠眴

瞑眩憒亂音義云瞑或作瞋

乃得瘳愈閩監毛三本同廖本孔本韓本考文古本下有也字

德惠乃洽也閩監毛三本同孔本韓本無也字足利本洽作治非

章指言人韓本人下有主字當上則聖人秉仁行義高山景行庶

幾不倦論語曰力行近仁蓋不虛云

言人上當則聖人 閩本同監毛本上作主案此約章指文上當當作當上監本剜改作主非

齋疏之服 閩監毛三本孔本齋作齊韓本作齋案音義出齋作齋者正字也作齊者齋之誤○按作齊者經典假借字也

三代以事 閩監毛三本事作前廖本孔本韓本考文古本足利本事作來

齊衰也 閩監毛三本孔本韓本同考文古本衰作縗案音義出縗字云或作衰

糜粥也 閩監毛三本同宋本孔本韓本糜作饜音義出饜字云字亦作饜案饜字大誤

滕文同姓異姓諸臣也 閩監毛三本同宋本孔本韓本考文古本文作之

且志曰 此與左傳且諺曰匪宅是卜惟鄰是卜文法正同依趙注疑且字下奪曰字左傳亦然

言我轉有所受之 閩監毛三本同宋本孔本韓本考文古本受上有承字廖本承作丞

故曰吾有所受　閩監毛三本下有也字廖本孔本韓本考文古本無此句無者是

使其信我也　閩監毛三本同宋本岳本孔本韓本考文古本無其字

以君先哀之也　閩監毛三本同宋本孔本韓本考文古本之作故浦鏜云幸誤哀非也

草上之風　閩監毛三本同石經廖本孔本韓本上作尚

大悅其孝行之高美也已　閩監毛三本同廖本孔本韓本考文古本無已字

章指言事莫當於奉禮孝莫大於哀慟從善如流文公之謂也

鄭書之屬也　閩監毛三本書作志

父大喪記云　父又之誤閩監毛三本不誤大喪當作喪大

詩云　石經孔本韓本同閩本云誤曰監毛本承其誤

晝爾于茅音義張云或作苗誤也○按士相見禮在野則曰草茅之臣注古文茅作苗是茅苗古通用張説非也茅山古曰苗山魏有苗茨之碑卽茅茨之碑

有恆產者有恆心石經恆諱作常下同

放邪侈放下脫僻字今補正閩監毛三本不脫宋本孔本韓本僻作辟侈音義張云諸本作移誤也案作移者別見一本非誤也説見前

是罔民也音義張云罔或作司誤也案作司者卽今之伺字

不過十一之制也十字此本模糊閩監毛三本如此宋本孔本韓本考文古本十作什

殷人七十而助石經殷諱作商下同

徹猶取人徹取物也閩監毛三本同岳本宋本廖本孔本韓本考文古本無上取字無者是

故謂之莫不善於貢也閩監毛三本同廖本孔本韓本足利本無於貢二字

而反以常數少取之閩監毛三本孔本韓本同廖本考文古本足利本數作類

民人糞其田閩監毛三本同宋本孔本韓本考文古本糞下有治字

與民同之也閩監毛三本孔本同廖本韓本考文古本無之字

使民盻盻然音義丁作肸○按盻字見說文云恨視兒但趙注以勤苦不休息爲訓趙作肸不作盻也說文肸蠁布也肹振也肸肹古通用肸肸猶屑屑方言曰屑屑不安也

至使老少轉尸溝壑閩監毛三本同宋本少作小尸作乎岳本孔本韓本少作小足利本尸下有乎字

其子雖未任居官閩監毛三本韓本同孔本考文古本任作士音義出未任音壬作任是也

得世食其父祿閩監毛三本孔本韓本同宋本得作則

猶殷人助者宋本孔本考文古本足利本同閩監毛三本韓本猶作惟案猶當獨字之譌閩本改爲惟

非也

知雖周家之時亦有助之之制也　閩監毛三本同宋本岳本亦有助之之制也作亦助也孔本韓本足利本作知雖周家時亦助也考文古本之時之制無之字

謂其常事有庤者也　閩監毛三本同宋本孔本韓本足利本作謂常事所庤也考文古本無其字有作所

其命惟新　石經宋九經本岳本咸淳衢州本廖本孔本韓本同閩監毛三本惟作維

詩大雅文文王之篇　補此本誤重文字

井地不鈞　石經岳本咸淳衢州本廖本孔本韓本考文古本足利本同閩監毛三本鈞作均

勿慢鄰國　此本慢字模糊閩監毛三本如此廖本孔本韓本考文古本作侵案侵是也

小司徒云　此本云字模糊閩監毛三本如此孔本韓本考文古本作曰

而井其田野　補案井下應有牧字

不正也　閩監毛三本同廖本孔本韓本考文古本作不正本也

時行重法賦　閩監毛三本同宋本孔本韓本考文古本無法字

所以供祭祀也　閩監毛三本同岳本孔本韓本考文古本無也字

上田　宋本考文古本同閩監毛三本孔本韓本上作士

其餘老小　廖本孔本韓本同閩監毛三本小作少

亦如上中下之制也　宋本孔本韓本同閩監毛三本制誤等

皆不當征賦也　此本當字模糊閩監毛三本如此廖本孔本韓本考文古本作出

時無圭田餘夫　時宋本作詩誤也

謂受土易居也肥磽也　上也字模糊閩監毛三本如此廖本孔本韓本受作爰上也作乎考

文古本上也作平○按作爰作平是爰土即國語之轅田賈侍中云轅易也爲易田之法左傳作爰田食貨志曰三歲更耕之自爰其處公羊傳注曰三年一換土易居然則爰者換也平肥磽者謂一易之地家百畝再易之地家二百畝三易之地家三百畝無偏枯不均也

助察姦惡也 閩監毛三本同廖本孔本韓本考文古本無惡字

和睦也 閩監毛三本同廖本孔本韓本考文古本作睦和也爲是

地爲一井 閩監毛三本同廖本孔本韓本考文古本無地字

以爲廬井宅園圃家一畝半也 閩監毛三本同廖本孔本韓本考文古本無井字一作二○按無井字非也穀梁傳曰古者公田爲居井竈葱韭取焉一作二是也此二畝半合城保二畝半是爲五畝之宅

別於士伍者也 閩監毛三本孔本同韓本考文古本伍作位

章指言尊賢師知采人之善足利本作言非善之至也韓本脫此四字修學校勸禮義勑民事正經界鈞孔本韓本作均井田賦什一則爲國之大本也

子必勉下脫之字閩監毛三本不脫

蓋日至在君與子矣閩監毛三本蓋目作而以今據改

而未有天命閩監毛三本未作永

四曰儒以道得民八曰友以任得民八曰上脫五曰宗以族得民六曰主以利得民七曰吏以治得民三句閩監毛三本不脫

孟子注疏卷五上校勘記

奉新趙儀吉校

孟子注疏解經卷第五下

滕文公章句上　趙氏注　孫奭疏

有爲神農之言者許行自楚之滕踵門而告文公曰遠方之人聞君行仁政願受一廛而爲氓神農三皇之君炎帝神農氏許姓行名也治爲神農之道者踵至也廛居也自稱遠方之人願爲氓氓野人也文公與之處其徒數十人皆衣褐捆屨織席以爲食文公與之居處舍之宅也其徒學其業者也衣褐貧也捆猶叩椓也織屨欲使堅故叩之也賣屨席以供飲食也陳良之徒陳相與其弟辛負耒耜而自宋之滕曰聞君行聖人之政是亦聖人也願爲聖人氓陳良儒者也陳相良之門徒也辛相弟聖人之政謂仁政也陳相見許行而大悅盡

棄其學而學焉棄陳良之儒道更學許行神農之道也陳相見孟子道許行之言曰滕君則誠賢君也雖然未聞道也陳相言許行以爲滕君未達至道也賢者與民並耕而食饔飧而治今也滕有倉廩府庫則是厲民而以自養也惡得賢相言許子以爲古賢君當與民並耕而各自食其力饔飧熟食也朝曰饔夕曰飧當身自具其食兼治民事耳今滕賦稅有倉廩府庫之富是爲厲病其民以自奉養安得爲賢君乎三皇之時質樸無事故道若此者也孟子曰許子必種粟而後食乎問許子必自身種粟乃食之耶曰然相曰然許子自種之許子必織布然後衣乎孟子曰許子自織布然後衣之乎曰否許子衣褐相曰不自織布許子衣褐以毳織之若今馬衣也或曰褐枲衣也一曰粗布衣也許子冠乎孟子問相冠乎曰冠相曰冠也曰奚冠孟子問許子何

冠也曰冠素相曰許子冠素曰自織之與。曰否以粟易之相言許子以粟易素曰許子奚為不自織。孟子曰許子自織素乎曰害於耕相曰織紡害於耕耕故不自織也曰許子以釜甑爨以鐵耕乎爨炊也孟子曰許子寧以釜甑炊食以鐵為犁用之耕否邪曰然相曰用之自為之與孟子曰許子自冶鐵陶瓦器邪曰否以粟易之相曰不自作鐵瓦以粟易之也以粟易械器者不為厲陶冶陶冶亦以械器易粟者豈為厲農夫哉且許子何不為陶冶舍皆取諸其宮中而用之何為紛紛然與百工交易何許子之不憚煩械器之摠名也厲病也以粟易器不病陶冶陶冶亦何以為病農夫乎且許子何為不自陶冶舍者止也止不肯皆自取之其宮宅中而用之何為反與百工交易紛紛而為之煩也曰百工之事固不可耕且爲也相曰百工之事固不可耕且爲故交易也然則治天下獨可耕且爲與孟子言百工各爲其事尚不可得耕且兼之人君自天子以下當治天下政事此反可。耕且爲邪欲以窮許行之非滕君不親耕也孟子謂五帝以來有禮義上下之事不得。復若三皇之道也言許子不知禮者也有大人之事有小人。之事且一人之身而百工之所爲備如必自爲而後用之是率天下而路也孟子言人道自有大人之事謂人君行教化也小人之事謂農工商也一人而備百工之所作作之乃得用之者是率導天下人以羸困之路也故曰是率天下而路也故曰或勞心或勞力勞心者治人勞力者治於人治於人者食人治人者食於人天下之通義也勞心。君也勞力。民也君施教以治理之民竭力治公田以奉養其上天下通義所常行者也當堯之時天下猶未平洪水橫流氾濫於天下草木暢茂禽獸繁殖五穀不登禽獸偪人獸蹄鳥迹之道交於中國堯獨憂之舉舜而敷治焉遭洪水故天下未平水盛故草木暢茂草木盛故禽獸繁息衆多也登升也五穀不足升用也猛獸之迹當在山林而反交於中國懼害人故堯獨憂念之敷治也書曰禹敷土是言治其土也舜使益掌火益烈山澤而焚之禽獸逃匿掌主也主火之官猶古之火正也烈熾也益視山澤草木熾者而焚之故禽獸逃匿而奔走遠竄也禹疏九河瀹濟漯而注諸海決汝漢排淮泗而注之江然後中國可得而食也當是時也禹八年於外三過其門而不入雖欲耕得乎疏通也瀹治也排壅也於是水害除故中國之地可得耕而食也禹勤事於外八年之中三過其門而不入書曰辛壬癸甲啟呱呱而泣如此寧可得耕也后

稷教民稼穡樹藝五穀五穀孰而民人育棄爲后稷也樹種藝殖也五穀謂稻黍稷麥菽也五穀所以養人也故言民人育也人之有道也飽食煖衣逸居而無教則近於禽獸聖人有憂之使契爲司徒教以人倫父子有親君臣有義夫婦有別長幼有敘。朋友有信司徒主。人教以人事父子子君君臣臣夫夫婦婦兄兄弟弟朋友貴信是爲契之所教也放勳曰勞之來之匡之直之輔之翼之使自得之又從而振德之放勳堯號也遭水災恐其小民放僻邪侈故勞來之匡正直其曲心使自得其本善性然後又從而振其羸窮德恩惠之德也聖人之憂民如此而暇耕乎重喻陳相堯以不得舜爲已憂舜以不得禹皐陶爲已憂夫以百畝之不易爲已憂者農夫也分人以財謂之惠教人以善謂之忠爲天下得人者謂之仁言聖人以不得賢聖之臣爲己憂農夫以百畝不易治爲己憂是故以天下與人易爲天下得人難爲天下求能治天下者難得也故言以天下傳與人尚爲易也孔子曰大哉堯之爲君惟天爲大惟堯則之蕩蕩乎民無能名焉君哉舜也巍巍乎有天下而不與焉堯舜之治天下豈無所用其心哉亦不用於耕耳天道蕩蕩乎大無私生萬物而不知其所由來堯法天故民無能名堯德者也舜得人君之道哉德盛而巍巍乎有天下之位雖貴盛不能與益舜巍巍之德言德之大大於天子位也堯舜蕩蕩巍巍如此但不用心於躬自耕也吾聞用夏變夷者未聞變於夷者也言以諸夏之禮義化變蠻夷之人耳未聞變化於夷蠻之人同其道也

陳良楚産也悦周公仲尼之道北學於中國北方之學者未能或之先也彼所謂豪傑之士也子之兄弟事之數十年師死而遂倍之陳良生於楚北遊中國學者不能有先之也所謂豪傑過人之士也子之兄弟謂陳相陳辛也數十年師事陳良良死而倍之更學於許行非之也

昔者孔子沒三年之外門人治任將歸入揖於子貢相嚮而哭皆失聲然後歸子貢反築室於場獨居三年然後歸任擔也失聲悲不能成聲場孔子冢上祭祀壇場也子貢獨於場左右築室復三年慎終追遠也

他日子夏子張子游以有若似聖人欲以所事孔子事之強曾子曾子曰不可江漢以濯之秋陽以暴之皜皜乎不可尚已有若之貌

似孔子此三子者思孔子而不可復見故欲尊有若以作聖人朝夕奉事之禮如事孔子以慰思也曾子不肯以爲聖人之潔白如濯之江漢暴之秋陽秋陽周之秋夏之五六月盛陽也皜皜白甚也何可尚而乃欲以有若之質於聖人之坐席乎尊師道故不肯也

今也南蠻鴃舌之人非先王之道子倍子之師而學之亦異於曾子矣吾聞出於幽谷遷于喬木者未聞下喬木而入于幽谷者今此許行乃南楚蠻夷其舌之惡如鴃鳥耳鴃博勞鳥也詩云七月鳴鴃應陰而後動者也許子託於太古非先聖王堯舜之之道不務仁義而欲使君臣並耕傷害道德惡如鴃舌與曾子之心亦異遠也人當出深谷止喬木今子反下喬木入於幽谷

魯頌曰戎狄是膺荊舒是懲周公方且膺之子是之學亦爲不善變矣詩魯頌閟宮之篇也膺擊也懲艾也周家時擊戎狄之不善者懲止荊舒之人使不敢侵陵也周公常欲擊之言南蠻之人難用而子反悅是人而學其道亦爲不

善變更矣孟子究陳此者所以責陳相也從許子之道則市賈不貳國中無僞雖使五尺之童適市莫之或欺布帛長短同則賈相若麻縷絲絮輕重同則賈相若五穀多寡同則賈相若屨大小同則賈相若陳相復爲孟子言此如使從許子淳樸之道可使市無二價不相爲詐。不相欺愚小大。長短謂丈尺輕重謂斤兩多寡謂斗石大小謂尺寸皆言。同價故曰市無二價者也曰夫物之不齊物之情也或相倍蓰或相什百或相千萬子比而同之是亂天下也巨屨小屨同賈人豈爲之哉從許子之道相率而爲僞者也惡能治國家孟子曰夫萬物好醜異賈精粗異功其不齊同乃物之情性也蓰五倍也什十倍也至於千萬相倍譬若和氏之璧雖與凡玉之璧尺寸厚薄適等其價豈可同哉

子欲以大小相比而同之則使天下有爭亂之道也巨粗屨也小細屨也如使同價而賣之人豈肯作其細哉時許子教人僞者耳安能治其國家者也

【疏】有爲神農之言至惡能治國家○正義曰此章言神農務本教以凡民許行蔽道同之君臣陳相倍師降於幽谷不理物情謂之淳樸者有爲神農者許行至願受一廛而爲氓者神農炎帝氏也許行南蠻之人也姓許名行也自楚蠻之地往滕國至門而言告於文公曰我是遠方楚蠻之人聞滕君行仁政於此我今所以來至心願受一廛居之以爲之氓也氓野人之稱已說在孫丑篇文公之處其徒數十人皆衣褐相屨織席以爲食言文公乃與許行之居而處之其許行之徒弟有數十人皆衣短褐叩㧻織屨席以供其飲食也陳良之徒陳相與其弟辛至願爲聖人氓陳良儒者也陳相與其陳辛二人皆陳良徒弟也言陳良徒弟陳相與其弟辛背負其耒耜而從宋國往滕國而向滕君曰我聞知君行聖人之政事是爲聖人者也今願爲聖人之氓陳相見許行而大悅盡棄其學而學焉言陳相至滕乃見許行而大悅樂之遂盡棄去陳良之儒學而就學於許行之道陳相見孟子道許行之言曰至惡得其賢言陳相後見孟子乃道許行之言曰滕君則誠爲賢君者也雖然未聞至道也古之賢君乃與民同耕而食饔飧而兼治

政事朝食曰饔夕曰飧今也滕君乃取財稅而有倉廩府庫之富則是厲病其民以自奉養也安得謂之賢君乎倉廩釋名曰倉藏也藏穀物也廩倉有屋曰廩孟子問許子必種粟而後食乎曰然陳相荅之以爲許行是自種而後食也許曰子必織布然後衣乎孟子又問許子必自織布然後衣着乎曰許子衣褐陳相荅之許子不自紡織其布爲衣以其即著枲布也許子冠乎孟子問許子冠乎曰冠陳相荅之許子戴冠也曰奚冠孟子又問許子戴何冠曰冠素陳相荅之許子冠冠以素爲之爾素烏也曰自織之歟孟子又問許子以素爲冠其自織之歟曰否以粟易之陳相荅之許子不自織爲冠以粟更易之而已曰許子奚爲不自織孟子又問許子何爲而不自織爲之乎曰害於耕陳相荅之以謂許子不自織爲之也以其自織者斯害於耕也曰許子以釜甑爨以鐵耕乎孟子又問許子寧以釜甑炊食以鐵爲犁用之耕否乎是然陳相荅之以爲許子用之也自爲之歟孟子又問許子自爲釜甑炊食鐵犁耕乎曰否以粟易之陳相荅以爲許子之不自爲也以粟更易之而已以粟易械器者不爲厲陶冶至何許子之不憚煩孟子又復問以許子將粟更易械器者不以厲病於陶冶陶冶亦以器更易之以粟豈爲病厲其農夫哉陶作瓦器之匠也冶鑄金之匠也且許子何不自爲之

陶冶此皆取其宮室之中而用之乎何爲更紛紛然交易於百工歟何許子之不畏其煩故以此欲排之陳相也曰百工之事固不可耕且爲也陳相又荅之以謂百工之事固不可耕且爲之也所以用交易而用之耳然則治天下獨可耕且爲之歟孟子又排之如是則爲國君治天下獨可自耕且又爲政事以治天下歟陳相及此以應荅故孟子一向自言而排之乃曰有大人之事大人之事則國君行教化也有小人之事即農工商也且以一人之身而用百工之所作爲備具如必皆用自爲然後方行用之也此則驅率天下之人以羸困之路也又一說云如此是驅率天下之人如道路之人但泛視而不知上下貴賤耳以其許行陳相皆欲君民並耕不知有上下貴賤相待故以此譏據下文意義相通堪以此說爲尚所及亡羸困之路者但趙注之說耳詳而推之羸困之路不若此說故曰或勞心或勞力至天下之通義也者此下文之如此也言天下之人有但或勞其力但或勞其心者勞其心所以制政教而治天下之人耳勞其力所以見治於上人而已見治於上之人者竭力治公田以奉養上之人也治天下之人者以其爵祿皆出民之賦稅故食於人而已言此是天下通義人所常行者也上之人君爲言也下之人民爲言也以此推之則上下貴賤有所相待耳當堯之時天下猶

未平平舉舜而敷治焉孟子又言當古之唐堯盛帝之時天下猶尚未平是以其大水橫流逆其勢汎汎濫濁徧於天下草木由是暢茂敷實禽獸又由此而繁息而生殖焉五穀黍稷稻麥菽於是不豐登禽獸亦偪害於人猛獸之迹交馳於中國之道堯帝乃獨自憂懼之以其有傷害於人民故舉用虞舜而廣治之廣治其水土也舜使益掌火至禹疏九河后稷教民稼穡又至使契爲司徒止於亦不用於耕耳言舜因堯帝舉用乃使伯益爲掌火之官益視山澤草木煩盛乃烈山澤而焚燒之禽獸於是懼而逃匿遠竄而不敢出又使禹疏通九河又瀹治濟漯之水而流注歸海又開決汝漢之水而斟排淮泗二水而同流注歸之江九河在東北案爾雅云九河一曰徒駭二曰太史三曰馬頰四曰覆釜五曰湖蘇○六曰簡七曰潔八曰鉤盤九曰鬲津是也江九江也○案潯陽端記有云一曰烏江二曰蚌江三曰烏白江四曰嘉靡江五曰箘江六曰提江七曰廩江八曰源江九曰畎江是也然後中國之地人方可耕藝而食也當此之時大禹八年在外治水土經三次過其家門而不得入其家雖欲於時耕作之其可得乎又使后稷棄教天下民稼穡種樹藝殖五穀五穀既豐熟而天下人民於是得養育其生稼穡者說文云種曰稼斂曰穡也人之於是有養生之道飽食而煖衣逸樂居處而無

以教之則近類於禽獸以其不知高下也聖人有憂懼其民如此舜又使契爲司徒之官教以人倫使天下之人知父子有親親慈孝君臣有尊卑之義夫婦有交別長幼有等敘朋友有忠信又言放勳有曰勞之來之匡之直之輔之翼之使自得之又從而振德之民之有勤勞於事者有以償其勞故曰勞之因其民之來歸者有以償其來故曰來之民之既能直其心故以正其直爲之正故曰匡之民之或曲其心故以正其曲爲之直故曰直之輔之如車輔使民有所安於業故曰輔之翼之如羽翼使民有所進於道故曰翼之勞之來之匡之直之輔之翼之所以欲使其自得悅樂之而已矣民既自得而悅樂之於是又從加之恩惠而振德之振德即恩惠耳言聖人之憂於天下之民如此尚何暇以耕爲乎又言堯以不得舜而舉用使敷治焉則爲民之憂舜既得堯舉而用之如舜復不得臯陶禹爲輔則亦爲己之憂今夫以百畝之難耕恐爲已所憂者農夫也分人以財謂之惠教人以善謂之忠爲天下得人謂之仁以言其以己之財物布與人者是謂忠惠也以己之有善而以教諸人謂其心之忠也中心之謂忠爲天下求得其人而治天下者是謂其仁者也愛人之謂仁所以爲天天下求得其人不過愛天下之人故如是也是故以天下與人易爲天下得人難孟子言如此故以天下傳

與其人尚以爲易也爲天下得其人而治天下者猶以爲難孔子曰大哉堯之爲君惟天爲大惟堯則之蕩蕩乎民無能名焉至亦不用於耕耳孟子又引孔子有云大哉堯帝之爲君也惟上天之爲大而不可尚惟堯帝又能則法上天而行之故蕩蕩然其德之大而民無有能指名之者亦若上天之蕩蕩其覆載之德人亦不能指名而窮極之故也德於堯如此其大故孔子所以曰大哉堯之爲君君哉舜也巍巍乎其功德之大如此而天下之事未嘗自與及焉無他以其急於得人而輔之耳所以但無爲而享之故不必自與及焉然則堯帝舜帝之治天下豈爲無所用其心哉以其但急用心於得賢亦且不用於躬耕耳孟子所以言至於此者蓋欲排許子於陳相欲以滕君與民並耕而食故演之以此也是所以謂之之云耳吾聞用夏變夷者未聞變於夷者也至亦爲不言變矣者此蓋孟子又欲以此而譏陳相學於許行者也言其聞用中夏之禮義而變化於蠻夷之人未聞以蠻夷之道而變化於中夏也且陳良自楚國而生也悅樂其周公仲尼之大道乃自楚之南而往北求學於中國蓋中國以楚地觀之則中國在北之地故也北方之學者未能有人或先之陳良彼陳良所謂豪傑過人之士者也子之兄弟以師事數十年矣至師死而遂背去其所學而學於許行故以此而譏之

言往日孔子喪沒至於三年之外其門人有治擔任而將歸室者乃至子貢之所入揖於子貢相向面而哭乃至悲不成聲然後歸之室復感發子貢追思孔子又反至築室於孔子冢上之壇獨居又至三年然後方辭冢室而歸處又及他日子夏子張子游三人以有若之貌狀似孔子聖人三人遂欲以往日所事孔子之禮旦夕奉事有子至勉強曾子同以此事之曾子乃曰不可言江漢以濯之則至清而不可汚秋陽以曝之則至明而不可掩其孔子如此江漢秋陽皜皜然清潔明白不可得而尚耳故不可以有若比之而以事孔子之禮事之也孟子所以言之以此者蓋謂孔子之死至三年之久而門人尚歸與子貢相向而哭乃至悲而不成聲又感子貢復築室於冢上而追思之以至子張子游子夏欲慰其心思乃強曾子同以往日事孔子之禮而事之有若曾子尚不忍以有若加於孔子而今子之兄弟但自師之死之未久遂便以背去之而欲以許行爲師而就學之何忍之如是耶故以此非之然前又所謂用夏變夷即陳良北學中國以周公仲尼之道爲悅是又孟子明言之也豈見如許行陳相兄弟用蠻夷之事而欲變於滕國也今也南蠻鴃舌之人非先王之道子倍子之師而學之至爲不善變矣孟子言今也許行乃南蠻鴃舌之惡如於鳥者也所行皆非先王之正道而子之

兄弟皆背去其已之師陳良而以學許行是亦有異於曾子
不忍以有若加孔子矣我聞出自幽谷之內而遷登于高大
之木者未聞有下高大之木而遷入于幽谷之內者也又魯
頌閟宮之篇有曰戎狄之人不善周公於是膺擊之荊舒之
人亦不善周公於是懲誡之然則戎狄之人周公方且膺擊
之今以南蠻之人反悅其道而門學之亦為不善變更者矣
蓋戎狄荊舒皆南蠻之地也然周公一則膺擊之一則但懲
誅之是何邪夫以戎狄之地遠荊舒之地近以遠者有所膺
擊則近者自然從而治也故戎狄是膺荊舒是懲矣此孟子
所以又執此而非之陳相兄弟學于許行為不善更變其師
者焉從許子之道則市價相若者此乃陳相之言從許行之
道為美之之意於孟子也言今從許行之道而行之則市中
物價貴賤則一而不二也國中亦無姦偽欺詐雖使五尺之
童子往市中亦莫有人或敢欺瞞之也以其布與絹帛長短
則同其價例則相若不異麻縷絲絮四者輕重又同而價例
亦相若而更無高低五穀斗量多寡亦則同而價例亦相若
鄰屨大小亦同而價則相若凡此是皆市無二價也故以此
言於孟子曰夫物之不齊物之情也至惡能治國家此孟子
又從而排之也言夫萬物之不齊等是物有貴賤好惡之情
也然或相倍蓰或相什伯或相千萬其不同之有如此而子

今以爲上皆同之而無二價是使天下交爭而亂之也大屨與小屨同其價則人必爲之小屨而賣之而大屨豈爲之哉言此屨之大小則其他物之貴賤不言而可知矣今從許行之道者是相驅率而作詐僞者也又安能治國家焉此孟子至終而闢之以此也○注神農三皇之君炎帝神農氏也○正義曰案皇甫謐曰易稱包羲氏沒神農氏作是爲炎帝班固云教民耕農故號曰神農○注褐馬衣至粗布衣也○正義曰案說文云編枲襪也一曰短衣也又曰袍也馬被衣也○注古火正○正義曰案左傳昭公二十九年有五行之官木正曰勾芒火正曰祝融金正曰蓐收水正曰玄冥土正曰后土顓頊氏之子曰犂爲祝融是爲火正故也○注書曰辛壬癸甲啟呱呱而泣○正義曰案孔傳云辛日娶妻至于甲日復往治水啟禹之子禹治水過門不入聞啟泣聲不暇子名之以大治度水土之功故也○注放勳堯名也○正義曰案徐廣云放勳號陶唐也孔安國云堯能放上世之功化也○注場孔子冢上祭祀壇場○正義曰案史記云孔子葬魯城北泗上皇覽曰孔子冢去城一里冢營百畝南北廣十步東西十三步高一丈二尺冢前以瓴甓爲祠壇方六尺與地平之無祠堂冢營中樹以百數皆異種魯人世世無能名其樹者民傳言孔子弟子異國人各持其方樹來種之其樹柞枌

雖離女貞五味毚檀之樹塋中不生荆棘及刺人草○注魯頌閟宮之篇○正義曰此詩頌僖公能復周公之宇也箋云懲艾也僖公與齊桓舉義兵北當戎狄南艾荆與羣舒是其解也

墨者夷之因徐辟而求見孟子夷之治墨家之道者徐辟孟子弟子也求見孟子欲以辯道也孟子曰吾固願見今吾尚病病愈我且往見我常願見之今值我病不能見也病愈將自往見以辭卻之夷子不來他日又求見孟子是日夷子聞孟子病故不來他日復往求見之孟子曰吾今則可以見矣不直則道不見我且直之告徐子曰今我可以見夷之矣不直言之則儒家聖道不見我且欲直攻之也吾聞夷子墨者墨之治喪也以薄爲其道也夷子思以易天下豈以爲非是而不貴也然而夷子葬其親厚則是以所賤事親也我聞夷子爲墨道者墨者治喪貴薄

而賤厚夷子欲以此道易天下之化使從已豈肯以薄爲非是而不貴之也如使夷子葬其父母厚也是以所賤之道事其親也如其薄也下言上世不葬者又可鄙足以爲戒也吾欲以此攻之者也

徐子以告夷子夷子曰儒者之道古之人若保赤子此言何謂也之則以爲愛無差等施由親始

之夷子名也蓋。儒家者曰古之治卽。若愛赤子此何謂乎之以爲當同其恩愛無有差次等級親疎也但施愛之事先從已親屬始耳若此何爲獨非墨道也

徐子以告孟子孟子曰夫夷子信以爲人之親其兄之子爲若親其鄰之赤子乎彼有取爾也赤子匍匐將入井非赤子之罪也

親愛也夫夷子以爲人愛兄子與愛鄰人之子等耶彼取赤子將入井雖他人子亦愛。救之故謂之愛同也。但以赤子無知故救之耳夷子必以此况之未盡達人情者也故曰赤子匍匐將入井非赤子之罪也

且天之生物也使之一

本而夷子二本故也天生萬物各由一本而出今夷子以他人之親與己親等是爲二本故欲同其愛也蓋上世嘗有不葬其親者其親死則舉而委之於壑上世未制禮之時壑路傍坑壑也其父母終舉而委之棄於壑也他日過之狐狸食之蠅蚋姑嘬之其顙有泚睨而不視夫泚也非爲人泚中心達於面目蓋歸反虆梩而掩之掩之誠是也則孝子仁人之掩其親亦必有道矣嘬相共食之也顙額也泚汗出泚泚然也見其親爲獸蟲所食形體毁敗中心慙故汗泚泚然出於額非爲他人而慙也自出其心聖人緣人心而制禮也虆梩籠臿之屬可以取土者也而掩之實是其道則孝子仁人掩其親亦有道矣徐子以告夷子夷子憮然爲間曰命之矣孟子言是以爲墨家薄葬不合道也徐子復以告夷子夷子憮然者猶悵然也爲間者有頃之間也命之

猶言受命教矣。

疏

墨者夷之至命之矣○正義曰此章言聖人緣情制禮奉終墨子互同質而違中以直正枉憮然改容而受命也墨者夷之因徐辟而見孟子夷之治墨家之道者姓名也徐辟孟子弟子也言治墨家之道者夷之因孟子弟子徐辟而見孟子也孟子曰吾固願見今吾尚正病且待病之瘥愈我以往而見之也夷子不來他日又求見孟子夷子聞孟子以爲尚病故不來見至於他日復往求見孟子孟子曰吾今則可以見矣不直則道不見我且直之孟子見夷子復來求見遂不得已先言於徐子曰我今則可以見矣欲不見則不得直己之道而正之儒家先王之正道則泯而不見我且見而直己之道而正彼也吾聞夷子墨者墨之治喪也以薄爲其道也至是以所賤事親也此孟子以此告徐子是其直己之道而正夷子也以其夷子既以厚葬其親而尚治其墨家之道故不知以此厚其親是儒家之正道而已孟子所以反覆直而正之乃因徐子而告之曰我聞夷子治墨家之道者也夫墨者治喪不厚但以薄之是爲其道也夷子思以墨道以變易天下之化豈以薄其喪而不貴之者也然而夷子葬其父母以厚爲之則是以墨家所賤者而事父母之親喪也以其墨家賤厚而貴薄也徐子以告夷子徐子因孟子此言以告之夷子也夷子曰儒者之道古之人若

保赤子至施由親始此又夷子以言於徐子而以墨道爲是也乃曰儒者之道有云古之人治民若保安赤子者是言何謂之乎是則以爲恩愛之道無有差等之異也但施行恩愛之道當自父母之親爲始耳我所以厚葬其親何爲獨非以墨道也之夷子自稱己之名也徐子又以夷子此言告於孟子孟子曰夫夷子信以爲人之親其兄之子至亦必有道矣孟子又言今夷子以爲愛無差等是夷子信以爲人親愛其兄之子爲若親愛其鄰家之赤子乎然彼夷子蓋亦有所取而云耳故亦不足怪也彼夷子必謂孺子有將入井人皆有怵惕惻隱之心故云愛無差等又以古之人若保赤子爲言也蓋其赤子匍匐將入於井非赤子之罪惡也但以赤子未有知人故不忍見焉故救之耳今夷子必以此況之而遂以爲愛無差等如親其兄之子爲若親其鄰之赤子同是則親兄之子必亦得將入井然後救之矣是夷子未達人情者也且天之生萬物也皆使其由一本而出矣今夷子以他人之親與己之親同是爲有二本也又安知先王制禮而稱人之情以爲之厚薄施於父子者不以同於兄弟行於同宗者不以行於鄰族也蓋上世於太古未制禮之時常有不葬其親者其親之死則擡舉而委棄於路傍坑壑之中他日子過之於此見其狐狸野獸食之蠅蚋飛蟲且共嘬食其子之額泚

泚然出汗故眦睨而不敢詳視夫子所以有泚泚然之汗於額而出者非爲他人而慙也故如是而泚泚然而出於額也以其中心有所不忍其親之如是故自中心之所恨故發之於面目所以有泚泚然之汗出於額也蓋不忍之如是乃歸取虆梩籠臿取土而遮掩之誠是其不忍其親之道也是則孝子仁人之心而掩其親亦必有道耳孟子所以言是者蓋非墨家薄葬爲非而以厚葬爲是故以直其正道矣夫以謂太古未制禮之時子有不忍其親爲獸蟲所食尚知掩之之道况今之世先王所制定其禮而可薇之墨家道而薄葬爲是而以厚葬爲非邪夷子既以能厚其親而尚不知以墨家之所薄爲非所以執此而直之使正耳徐子以告夷子至命之矣者徐子又因孟子此言而告於夷子夷子乃憮然而覺悟其已之罪故頃然爲閒曰我今受孟子之教命而不敢逆矣

孟子注疏解經卷第五下

江西督糧道王賡言

南昌府學教授鍾應元

南昌府學訓導陳宗鈞

南昌縣知縣陳煦栞

孟子注疏卷五下挍勘記

阮元撰盧宣旬摘錄

炎帝神農氏　閩監毛三本同廖本孔本韓本考文古本下有也字

野人也之稱　閩監毛三本同廖本孔本韓本考文古本作野人

捆屨　音義云張作裍

猶叩椓也　椓从木各本从手誤

以供飲食也　閩監毛三本同廖本孔本韓本飲食作食飲

當與民並耕　廖本當作常

兼治民事耳　此本民字模糊閩監毛三本孔本韓本如此廖本考文古本作政

故進若此者也　閩監毛三本同廖本孔本韓本考文古本無者字

許子必織布然後衣乎　石經廖本孔本閩本同監毛本韓本然誤而

若今焉衣也　閩監毛三本同廖本孔本韓本考文古本也上有者字

孟子問相冠乎　閩監毛三本同廖本孔本韓本考文古本無冠乎二字

曰自織之與　廖本孔本韓本此下有孟子曰許子自織素與注文九字此本及閩監毛三本並脫

孟子曰許子自織素乎　閩監毛三本同廖本孔本韓本考文古本自上有何爲不三字○按有者是也

織紡害於耕　閩監毛三本孔本韓本同廖本紡作妨

陶冶亦以械器易粟者　諸本同一本冶誤治

紛紛而爲之煩也　閩監毛三本同廖本孔本韓本考文古本無而字之字

此反可耕且爲邪　閩監毛三本同廖本孔本韓本可下有得字

不得復若三皇之道也　考文古本同閩監毛三本孔本韓本得作可

言許子不知禮者也 閩監毛三本同岳本孔本韓本考文古本無者字

有小人之事 閩監毛三本孔本韓本同石經考文古本人作民

以羸困之路也 案音義出羸路云字亦作羸案此則宜公所見本無困之二字○按路與露古通用露羸見於古書者多矣大雅串夷載路鄭箋以瘠釋路俗人乃改瘠爲應此添困之二字其謬同也

故曰是率天下而路也 閩監毛三本同宋本廖本孔本韓本考文古本無此九字無者是

勞心君也勞力民也 閩監毛三本同廖本孔本韓本考文古本心力下並有者字

所常行者也 閩監毛三本同廖本孔本韓本考文古本無者字

是言治其土也 閩監毛三本同岳本宋本廖本孔本韓本考文古本作治土也

猶古之火正也 閩監毛三本同孔本韓本考文古本無之字

烈熾 閩監毛三本同廖本孔本韓本考文古本下有也字

熾者而焚之　閩監毛三本同廖本孔本韓本考文古本作熾盛者而焚燒之○按熾盛是也熾盛謂草木不謂火

而奔走遠竄也　閩監毛三本同廖本孔本韓本考文古本無奔走二字

瀹濟漯　音義丁云下他合切作濕誤也案說文濕爲漯之正字乾濕字作溼作濕者乃正字非誤也丁說非詳音義挍勘記

三過其門而不入　閩監毛本同廖本門上有家字孔本韓本考文古本作三過其家門而不得入

如此寧可得耕也　閩監毛三本同岳本也作乎廖本韓本無可字也作乎孔本與廖本同上有于弗子三字考文古本無可字

樹藝五穀　石經樹諱作植

長幼有敘　石經廖本孔本韓本同閩監毛三本敘作序

司徒主人　考文古本主作得

是爲契之所教也　閩監毛三本同廖本孔本韓本考文古本作契之教也

放勳曰　石經閩監毛三本韓本同孔本曰作日音義出日云丁音馹或作曰誤

匡之直之　石經匡諱作正

堯號也　閩監毛三本孔本韓本同廖本考文古本號作名案考文引堯之號也各注疏本皆無之字蓋誤衍

遭水災恐其小民放僻邪侈　廖本孔本韓本考文古本同岳本亦作恐宋本恐作惢閩監毛三本災恐作逆行

然後又從而振其羸窮　閩監毛三本同岳本廖本孔本韓本考文古本又下有復字

德恩惠之德也　閩監毛三本同廖本孔本韓本考文古本作加德惠也

不易治爲己憂　閩監毛三本孔本韓本同岳本考文古本易治作治易

德盛乎巍巍乎宋本孔本考文古本同閩監毛三本韓本上乎作而

當以諸夏之禮義化變蠻夷之人耳廖本孔本韓本考文古本蠻夷作夷蠻閩監毛三本當誤言

同其道也閩監毛三本同廖本孔本韓本考文古本同作則

不能有先之也閩監毛三本同廖本孔本韓本考文古本也上有者字

可謂豪傑過人之士也廖本孔本韓本同閩監毛三本可作所

故欲尊有若以作聖人朝夕奉事之禮如事孔子以慰思也閩監毛三本同宋本廖本孔本韓本無禮字考文古本以作似無禮字

夏之五六月閩監毛三本同岳本考文古本五下有月字孔本韓本作夏五六月案注疏本並有之字考文引作夏五六月當是誤脫也

白甚也 閩監毛三本同廖本孔本韓本考文古本作甚白也

於聖人之坐席乎 閩監毛三本同廖本孔本韓本考文古本於作放案音義出質放○按放是也放者今之倣字

故不肯也 閩監毛三本同廖本孔本韓本考文古本無也字

鴃舌 依注則當作鶪鶪者伯勞也見說文

未聞下喬木而入于幽谷者 閩監毛三本同廖本孔本韓本于作於

博勞鳥也 閩監毛三本同廖本孔本韓本考文古本無鳥字

而後勸者也 閩監毛三本勸作動廖本孔本韓本考文古本後勸作殺物是也詩正義引陳思王惡鳥論云伯勞蓋賊害之鳥

止喬木 閩監毛三本同廖本孔本韓本考文古本止作上

入於幽谷 閩監毛三本同廖本孔本韓本考文古本作入深谷

戎狄是膺 音義出膺聲云丁本作應案丁本注既作應則此經必亦作應也

言南蠻之人 閩監毛三本同廖本孔本韓本考文古本蠻作夷

可使市無二價 閩監毛三本同廖本孔本韓本價作賈下同

不相爲詐 閩監毛三本爲作僞孔本韓本考文古本詐作誕

不相欺愚小大 閩監毛三本同廖本作不欺愚小大也孔本韓本作不欺愚小民也考文古本作不相欺愚小也○按愚小謂五尺之童也考文古本得之

謂丈尺 岳本作謂尺丈

皆言同價故曰市無二賈者也 閩監毛三本同廖本孔本韓本考文古本言下有其字無市字足利本無也字

或相什百孔本同石經相什字漫漶餘同閩監毛三本韓本百作伯

豈肯作其細哉閩監毛三本同廖本孔本韓本考文古本哉上有者字

安能治其國家者也閩監毛三本同廖本孔本韓本考文古本無其字

章指言神農務本教於凡民許子蔽道同之君臣陳相倍師降於幽谷不理萬考文古本作万足利本作物韓本同情謂之敦考文引足利本敦作淳樸是以孟子博陳堯舜上下之敘以匡之也

謚在孫丑篇閩本同監本孫上剜增公字非也毛本同監本

文公之處補公下當有與字監毛本亦脫

惡得其賢閩監本同毛本去其字

許子衣褐補誤重子字監毛本不誤

皆欲君民並耕　並下墨丁閩監毛三本如此今據補

此謊爲尚　此下墨丁閩監毛三本如此今據補

所以亡羸困之路者　此本以作及下一字墨丁閩本如此監毛本羸作羸

此下文之如此也　此下墨丁閩監毛三本如此今據補

至舉舜而敷治焉　舉下墨丁閩監毛三本如此今據補

是以其大水横流　以上墨丁閩監毛三本如此今據補

交馳於中國之道　交下二字墨丁閩監毛三本如此今據補

乃獨自憂懼之　乃下墨丁閩監毛三本如此今據補

案濤陽端記有云　端地之誤閩監毛三本不誤

稼穡種樹　種下墨丁閩監毛三本如此今據補

斂曰穡也　曰上墨丁閩監毛三本如此今據補

四曰嘉匪江　補案匪監毛本並作靡

其覆載之德　覆下墨丁閩監毛三本如此今據補

其功德之大　其下墨丁閩監毛三本如此今據補

急於得人而輔之耳　於下墨丁閩監毛三本如此今據補

但急用心於得賢　得下墨丁閩監毛三本如此今據補

至亦爲不善變矣　閩監毛三本如此十行本作至亦不爲言矣言下矣上一字墨丁

復往求見之　閩監毛三本同廖本孔本韓本考文古本無之字

不直言之　閩監毛三本同廖本孔本韓本考文古本言下有攻字

我聞夷子爲墨道者　閩監毛三本同廖本孔本韓本考文古本無者字

欲以此道閩監毛三本同廖本孔本韓本考文古本上有思字

事其親也事字模糊閩監毛三本如此廖本孔本韓本考文古本事作奉

足以爲戒也吾欲以此攻之者也閩監毛三本同廖本孔本韓本考文古本無上以字者字

蓋儒家者曰古之治卽若愛赤子蓋字卽若愛三字俱模糊閩監毛三本如此廖本孔本韓本考文古本蓋作言無者字卽作民愛作安

親疏也親疏字模糊閩監毛三本如此廖本孔本韓本考文古本作相殊也

但施厚之事宋本廖本孔本韓本考文古本同閩監毛三本厚作愛

亦愛救之亦愛字模糊閩監毛三本如此廖本孔本韓本考文古本愛作驚

故謂之愛同也閩監毛三本同孔本韓本考文古本無故字

但以赤子無知閩監毛三本同廖本考文古本上有此字下有非其罪惡四字孔本韓本同廖本無此字

故曰赤子匍匐將入井非赤子之罪也閩監毛三本同岳本廖本孔本韓本考文古本無此十五字

舉而委之棄於壑也閩監毛三本同廖本孔本韓本考文古本作舉而委棄之壑中也

狐狸食之石經狸作貍案詩取彼狐狸釋文唐石經皆作貍

蠅蚋姑嘬之音義蚋作蜹張云諸本或作蠕誤也○按姑蓋謂螻蛄隋王劭詭方言螻蛄字作姑見列子釋文

蓋歸反虆梩而掩之虆音義云或作蔂

相共食之也閩監毛三本同岳本孔本韓本相作攢攢字是

亦有道矣　閩監毛三本同廖本孔本韓本足利本作有以也考文古本無亦字以字

章指言聖人緣情制禮奉終壘子元同質而違中以直正枉憮然畋容蓋其理也

孟子注疏卷五下挍勘記

奉新趙儀吉挍

孟子注疏解經卷第六上

滕文公章句下 凡十章　趙氏注　孫奭疏

疏正義曰此卷趙注分上卷爲之者也此卷凡有十章一章言脩禮守正非招不往枉道富貴君子不許二章言以道正君非禮不運稱大丈夫阿意用謀善戰務勝事雖有剛心歸柔順三章言君子務仕思播其道達義行仁待禮而動苟容干祿踰牆之女人之所賤四章言百工食力以祿養賢修仁尚義國之所尊移風易俗其功可珍雖食諸侯不爲素餐五章言德修無小暴慢無强六章言白沙在泥不染自黑蓬生麻中不扶自直言輔之者衆也七章言道異不謀迫斯强之段泄已甚闢之得宜正己直行不納於邪八章言從善改非坐以待旦知而爲之罪重於故九章言憂世饑亂勤以濟之義以正之十章言聖人之道親親尚和志士之操耿介守持凡此十章合上卷五章是滕文公一篇十有五章也

陳代曰不見諸侯宜若小然今一見之大則以王小則以霸且志曰枉尺而直尋宜若可爲也

陳代孟子弟子也代見諸侯有來聘請見孟子孟子有所不見以爲孟子欲以是爲介故言此介得無爲狹小乎如一見之儻得行道可以輔致霸王乎志記也枉尺直尋欲使孟子屈己信道故言宜若可爲也

孟子曰昔齊景公田招虞人以旌不至將殺之虞人守苑囿之吏也招之當以皮冠而以旌故招之而不至也志士不忘在溝壑勇士不忘喪其元孔子奚取焉取非其招不往也如不待其招而往何哉志士守義者也君子固窮故常念死無棺椁沒溝壑而不恨也勇士義勇者也元首也以義則喪首不顧也孔子奚取取守死善道非禮招己則不往言虞人不得其招尚不往如何君子而不待其招直事妄見諸侯者何爲也已且夫枉尺而直尋者以利言也如以利則枉尋直尺而利亦可爲與尺小尋者尚可任大就小而以要其利也昔者趙簡子使王良與嬖奚乘終日而不獲

一禽嬖奚反命曰天下之賤工也趙簡子晉卿也王良善御者也嬖奚簡子幸臣也以不能得一禽故反命於簡子謂王良天下鄙賤之工師也或以告王良良曰請復之聞嬖奚賤之故請復與乘彊而後可強嬖奚乃肯行一朝而獲十禽嬖奚反命曰天下之良工也以一朝得十禽故謂之良工簡子曰我使掌與女乘掌主也使王良主與女乘謂王良良不可王良不肯曰吾爲之範我馳驅終日不獲一爲之詭遇一朝而獲十範法也王良曰我爲之法度之御應禮之射正殺之禽不能得一橫而射之曰詭遇非禮之射則能獲十言嬖奚小人也不習於禮也詩云不失其馳舍矢如破我不貫與小人乘請辭詩小雅車攻之篇也言御者不失其馳驅之法則射者必中之順毛而入順毛而出一發貫臧應矢而死者如破矣此君子之射也貫習也我不習與小人乘不願掌與

嬖奚同乘故請辭御者且羞與射者比比而得禽獸雖若丘陵弗爲也如枉道而從彼何也孟子引此以喻陳代云御者尚知羞恥此射者不欲與比子如何欲使我枉正道而從彼驕慢諸侯而見之乎且子過矣枉己者未有能直人者也謂陳代之言過謬也人當以直矯枉耳已自枉曲何能正人

〔疏〕陳代曰至未有能直人者也○正義曰此章言修禮守正非招不往枉道富貴君子不許也陳代曰不見諸侯宜若小然今一見之大則以王小則以霸且志曰枉尺而直尋宜若可爲也者陳代孟子弟子也問孟子以謂今不見諸侯是宜若小其身然今一往見諸侯大則行道可以輔佐一君爲王小則得行道而佐君爲之霸且記云枉一尺而直其一尋宜若可以爲之也尺十寸爲尺尋十丈爲尋也陳代欲孟子往見諸侯故以此言問之孟子曰昔齊景公田至何哉者孟子言往日齊國景公田獵招聘其虞人以旌旆招聘之如有虞人不至者則將殺戮之虞人掌山澤苑囿之吏也然而志士守其義者常念雖死無棺椁但沒在於溝壑之中而不恨也勇義之士念雖喪去其首而且不顧也孔子於此何取

焉蓋孔子以取非其所招而能不往者也如此則虞人不得其所招之禮尚且守義雖死而且不往應其招如何爲之君子且以不待所招聘而往見諸侯是何爲哉蓋先王制招聘之禮旌所以招其大夫者虞人之招但以皮冠而已今齊景公以旌招虞人虞人守其職分所以雖死而不往也孟子引此意以謂今之諸侯所以聞有能招已者又非招已之所招而待之也故我何往見之哉所以不往見之也且夫枉尺而直尋者至亦可爲與孟子又言且夫子今以謂枉其尺而直其尋以利言之而已如以利爲之雖枉其尋而但直其尺而利亦可得而爲之耳孟子所以言之以此者蓋謂我苟志於利雖枉尋而直尺我亦爲之況子以謂枉尺而直尋乎本其我志於分義不肯枉道以徇利所以不欲屈已而求見於諸侯也以其見之諸侯但爲之徇利者矣故雖枉尺而直尋不爲也昔者趙簡子使王良與嬖奚乘終日而不獲一禽嬖奚反命曰天下之賤工也孟子又引昔者晉卿趙簡子嘗使善御人王良與幸人奚乘而田終日而不能得一禽奚乃反命報於簡子曰王良天下之賤工師也或以告王良良曰能復之或有人以嬖奚報簡子之言爲王良之賤遂告王良王良聞之故請復與嬖奚乘而田强而後可王良强勉嬖奚乃肯行一朝而獲十禽反命曰天下之良工也言一日遂得十禽

嬖奚乃反命報於簡子曰王良乃天下之良善工師也非賤者也簡子曰我使掌與女乘謂王良良不可至我不貫與小人乘請辭趙簡子言於嬖奚曰我使王良與女乘於是簡子謂王良而使之良乃不肯遂言於簡子曰我爲之法度之御我與嬖奚馳驅而田終一日而不能獲其一禽後爲之詭而橫射之止一朝而以能獲者十禽且詩小雅車攻之篇有云不失其馳驅之法而所中者應矢而死如破矣此君子之所射也我今不貫習與嬖奚小人同乘而敗也故請辭之不與掌乘御者且羞與射者比至未有能直人者也孟子引至此乃自爲之言曰夫王良但爲之御者且尚能羞恥與嬖奚之射者比並雖使王良與嬖奚比之如得禽獸若丘陵之多亦必不爲之比矣今子欲使我枉正道而從彼驕傲之諸侯而往見之是何如哉且子言此者已失之過謬也如枉己之正道者未有能直其人者也必自正己之道然後可以直人矣是亦楊子所謂詘道而伸身雖天下不可爲也同意○注招虞人以當皮冠○正義曰經於萬章篇云萬章問孟子招虞人何以孟子曰以皮冠是其文也○注趙簡子晉卿至工師也正義曰案史記世家云趙景公卒趙鞅是爲簡子爲晉御晉出公十七年卒張華云簡子家在臨水界冢上氣成樓閣○注詩小雅車攻之篇○正義曰此篇蓋言宣王復古也箋

云不失其馳舍矢如破謂御者之良得舒疾之中射者之二矢發則中如錐破物也○注伯夷亦不屑就也○正義曰此乃公孫丑篇末之文也

景春曰公孫衍張儀豈不誠大丈夫哉一怒而諸侯懼安居而天下熄景春孟子時人爲縱橫之術者公孫衍魏人也號爲犀首嘗佩五國相印爲從長秦王之孫故曰公孫張儀合從者也一怒則構諸侯使强陵弱故言懼也安居不用辭說則天下兵革熄也

孟子曰是焉得爲大丈夫乎子未學禮乎丈夫之冠也父命之女子之嫁也母命之往送之門戒之曰往之女家必敬必戒無違夫子以順爲正者妾婦之道也孟子以禮言之男子之道當以義正君女子則當婉順從人耳男子之冠則命曰就爾成德今此二子從君順指行權合從無輔弼之義安得爲大丈夫也

居天下之廣居立天下之正位行天下之大道得志

與民由之不得志獨行其道富貴不能淫貧賤不能移威武不能屈此之謂大丈夫廣居謂天下也正位謂男子純乾正陽之位也大道仁義之道也得志行正與民共之不得志隱居獨善其身守道不回也淫亂其心也移易其行也屈挫其志也三者不惑乃可以爲之大丈夫矣

［疏］景春曰至此之謂大丈夫○正義曰此章言以道匡君非禮不運故妾婦以況儀衍者也景春曰公孫衍張儀豈不誠大丈夫哉一怒而諸侯懼安居而天下熄景春問孟子曰公孫衍張儀二者豈不誠爲大丈夫之人哉夫二人一怒則諸侯懼之以其能使强陵弱故也安居處而不用辭說則天下兵革於是乎熄滅景春故以此遂謂二人實爲大丈夫孟子曰是焉得爲大丈夫乎子未學禮乎至妾婦之道孟子荅之景春曰二人如此安得爲之大丈夫乎子未嘗學禮也夫禮言丈夫之冠也父則命之女子之嫁也母則命之蓋以冠者爲丈夫之事故父命之之以責其成人之道嫁者女子之事故母命之以責其爲婦之道也以女子之臨嫁母則送之於門而戒之女子曰雖往女之家必當敬其舅姑亦必當戒愼以貞潔其已無違遵敬夫子以其夫在則得順其夫夫沒則從其子以順從無

違爲正而已固妾婦之道如此也乃若夫之與子在所制義
固不可以從婦矣苟爲從婦以順爲正是焉得爲大丈夫乎
孟子所以引此妾婦而言者蓋欲以此比之公孫衍張
儀也以其二人非大丈夫耳蓋以二人爲六國之亂期合六
國之君希意導言靡所不至而當世之君讒毀稱譽言無不
聽喜怒可否勢無不行雖一怒而諸侯懼安居而天下熄未
免夫從人以順爲正者也是則妾婦之道如此也豈足爲大
丈夫乎居天下之廣居立天下之正位行天下之大道至此
之謂大丈夫孟子言能居仁道以爲天下廣大之居立禮以
爲天下之正位行義以爲天下之大路得志達而爲仕則與
民共行乎此不得志則退隱獨行此道而不回雖使富貴亦
不足以淫其心雖貧賤亦不足以移易其行雖威武而加之
亦不足屈挫其志夫是乃得謂之大丈夫也今且以公孫衍
張儀但能從人而不知以此正其已是則妾婦以順爲正之
道固不足以爲大丈夫者焉○注景春至革熄也○正義曰
云景春孟子時人經傳未詳公孫衍魏人也號爲犀首爲秦
王之孫故曰公孫案史記云犀首者魏之陰晉人也名衍姓
公孫氏與張儀不善張儀之魏魏王相張儀犀首弗利故令
人謂韓公叔曰張儀已合秦魏矣魏王所以欲貴張儀者但
欲得韓地且韓之南陽已舉矣子何不少委焉以爲衍功則

魏必圖秦而棄儀後相衍張儀去復相秦卒犀首入相秦常佩五國之相印爲從長司馬彪曰犀首者魏之官名若今虎牙將軍是也張儀者案史家本傳云張儀魏人也常事鬼谷先生後相魏而卒凡此是皆公孫衍張儀之事矣

周霄問曰古之君子仕乎周霄魏人也問君子之道當仕否孟子曰仕傳曰孔子三月無君則皇皇如也出疆必載質質臣所執以見君者也三月一時也物變而不佐君化故皇皇如有所求而不得爾公明儀曰古之人三月無君則弔公明儀賢者也言古人三月無君則弔明當仕也三月無君則弔不以急乎周霄怪乃弔於三月無君何其急也曰士之失位也猶諸侯之失國家也禮曰諸侯耕助以供粢盛夫人蠶繅以爲衣服犧牲不成粢盛不絜衣服不備不敢以祭惟士無田則亦不祭牲

殺器皿衣服不備不敢以祭則不敢以宴亦不足弔乎

諸侯耕助者躬耕勸率其民收其藉助以供粢盛
粢稷盛稻也夫人親執蠶繅之事以率女功衣服
祭服不成不實肥腯也惟辭也言惟訟祿之士無圭田者不
祭牲必特殺故曰殺皿所以覆器者也不祭則不宴猶喪人
曰。不亦
可弔乎

出疆必載質何也

周霄問出疆
何爲復載質

曰士之仕也猶農夫之耕也農夫豈爲出疆舍其耒耜哉

孟子言仕之爲急
若農夫不可不耕

曰晉國亦仕國也未嘗聞仕如此其急仕如此其急也君子之難仕何也

魏本
晉也

周。霄曰我晉人也亦仕而不知其急若此。君
子何爲難仕君子謂孟子何爲不急仕也

曰丈夫生而願爲之有室女子生而願爲之有家父母之心人皆有之不待父母之命媒妁之言鑽穴隙

相窺踰牆相從則父母國人皆賤之言人不可觸情從欲須禮而行古之人未嘗不欲仕也又惡不由其道不由其道而往者與鑽穴隙之類也言古之人雖欲仕如不由其道亦與鑽穴隙者無異

【疏】周霄曰至鑽穴隙之類也正義曰此章言君子務仕思播其道達義行仁待禮而動迫周霄問曰古之君子仕乎周霄問孟子曰古之君子欲為仕乎否孟子曰仕傳曰三月無君則皇皇如也出疆必載質者此孟子荅之以為古之君子欲為仕也傳文有云孔子三月不得佐其君則心皇皇如有所求而不得也出其疆土必載贄而行贄者如所謂三帛二生一死之贄也臣所以執此而見君也公明儀曰古之人三月無君則弔又引公明儀亦云古之人三月天時之一變如不得佐其君乃弔問之明其欲仕也三月無君則弔不以急乎周霄怪此言復問之曰三月無君則弔問之不以失之大急乎曰士之失位也猶諸侯之失國家也至亦不足弔乎孟子又荅之曰夫仕者欲行其道若失其職位則如諸侯之失其國家也如此三月無君則弔豈足謂之急歟且禮有云諸侯躬耕藉田勸率其民收其藉助以供

給其粢盛稷稻夫人乃親養蠶繅絲以爲之祭服如犧牲不成肥腯稷稻無以致絜衣服又無以致備則不敢以祭社稷宗廟惟士之失位無有田祿者則亦不祭無他以其牲殺器皿衣服不備不敢以祭也非特不敢祭又且不敢以宴樂也如此是亦不足爲弔之急矣若公子重耳失其晉國而且稱喪人孔子失魯司寇之位亦謂之喪以至士大夫之去國必爲壇位鄉國而哭素衣素裳素冠徹緣三月而復蓋亦此意也然則士之三月無君則弔尚何以爲急乎牲殺器皿牲必殺故曰殺器皿所以覆器者也出疆必載質何也周霄又問孟子士之出疆必載其質是如之何曰士之仕也猶農夫之耕也農夫豈爲出疆舍其耒耜哉孟子荅之曰士之進於爲仕也若農夫之於耕也夫農夫豈爲出疆而耕乃以舍去其耒耜哉此士之爲仕所以出疆亦必執其贄也曰晉國亦仕國也未嘗聞仕如此之急仕如此之急也君子之難仕何也周霄又問孟子曰今之晉國亦可爲仕之國也然而未嘗聞有仕者如此之急又以仕既如此之急然而君子之難進於仕是如之何故以併問之曰丈夫生而願爲之有室女子生而願爲之有家父母之心人皆有之至鑽穴隙之類也孟子又荅之曰夫丈夫之生乃願爲之有室婦女子之生乃願爲之有家而事之其於欲嫁爲人子之父母心人皆有之矣然

而欲爲父母其爲室家乃不待父母之命媒妁而言之遂私鑽穴隙而相窺踰牆而擅自相從終雖得爲父母其於國中之衆人亦且皆賤之而不美矣夫古之人未嘗不欲爲之仕也然而又惡其不由其道而爲之仕所以君子難仕也如不由其道而往爲之仕者是與此鑽穴隙相窺而慕爲人子之父母之類也孟子所以終荅之周霄以此者以其士之仕猶男女之相求亦必待父母之命媒妁之言也○注質臣所執以見君至不得爾○正義曰蓋質之爲言至也自五玉三帛二生一死皆所以爲質以見其君與自相質同也

彭更問曰後車數十乘從者數百人以傳食於諸侯不以泰乎泰甚也彭更孟子弟子怪孟子徒衆多而傳食於諸侯之國得無爲甚奢泰者也孟子曰非其道則一簞食不可受於人如其道則舜受堯之天下不以爲泰子以爲泰乎簞笥也非其道一笥之食不可受也子以舜受堯之天下爲泰乎曰否士無事而食不可也彭更曰不以舜爲泰也謂仕○無功而虛食人者不可也

曰子不通功易事以羡補不足則農有餘粟女有餘布子如通之則梓匠輪輿皆得食於子孟子言凡人當通功易事乃可各以奉其用梓匠木工也輪人輿人作車者也交易則得食於子之所有矣周禮攻木之工七梓。匠輪輿。是其四餘羨者也於此有人焉入則孝出則悌守先王之道以待後之學者而不得食於子子何尊梓匠輪輿而輕爲仁義者哉入則事親孝出則敬長悌悌順也守先王之道上德之士可以化俗者若此不得食子之祿子何尊彼而賤此也曰梓匠輪輿其志將以求食也君子之爲道也其志亦將以求食與彭更以爲彼志食。於此亦但志食也曰子何以其志爲哉其有功於子可食而食之矣且子食志乎食功乎孟子言祿以食功子何食乎曰食志彭更以為當食志也曰有人於此毀瓦畫墁其志將以求食也則子食之乎孟子言人但破碎瓦畫地則復墁滅之此無用之為也然而其志反欲求食則可食乎曰否彭更曰不食也曰然則子非食志也食功也孟子曰如是則子果食功也非食其志也

疏○彭更問曰至食功也○正義曰此章言百工食力以祿養賢修仁尙義國之所尊移風易俗其功可珍雖食諸侯不爲素餐也彭更問曰後車數十乘從者數百人以傳食於諸侯不以泰乎彭更孟子弟子問孟子以謂車有數十乘之多從徒又有數百人之衆皆以傳食於諸侯不以爲泰甚乎傳食謂以孟子食於諸侯車徒又食於孟子要之所食之祿皆出於諸侯之所供耳故云傳食諸侯孟子曰非其道則一簞食不可受於人如其道則若舜受堯之天下不以爲之泰子今以車徒傳食於諸侯爲之泰以其不足爲泰也曰否士無事而食不可也彭更又曰否不以舜爲泰而言也蓋以士之無功事於諸侯固不可虛食於諸侯也曰子不通功易事以羨補不足至皆食於子孟子又荅之曰今且以子言之如子不通功易事而相濟以有餘而補其不足則農

夫有餘粟而人有受其飢女有餘布而人有受其寒子如通功易事乃可以各奉其事業則梓人成其器械以利用匠人營其宮室以安居輪人作車輪以運行輿人作車輿以利載是皆得食於子矣事與功者蓋所作未成則謂之事事之成則謂之功孟子所以言之者蓋謂梓匠輪輿皆小人之功也如得以通功易事而皆得食於子況有君子之功功於道者而乃不得傳食之於諸侯乎故以下文言之於此有人焉入則孝出則悌守先王之道以待後之學者而不得食於子子何尊梓匠輪輿而輕爲仁義者哉孟子又言今有人焉入於閨門之内則以孝爲仁出於鄉黨邦國之間以悌爲義是守先王仁義之道以待覺於後之學者是有功於道者也而乃不得食於子是則子何獨尊於梓匠輪輿小人之功而以輕爲仁義有功於道者哉曰梓匠輪輿其志將以求食君子之爲道也其志亦將以求食歟彭更又以此言於孟子曰彼梓匠輪輿者是其有志將以此業而求食者也今以君子之爲於道其志亦將以爲道而求食歟彭更之意以謂士志於道不志於食故以此疑乃問孟子也曰子何以志爲哉其有功於子可食而食之矣然以子言之則子今有食於人者是則食其有志於爲食者乎是則食其有功者乎曰食志彭更又荅之以爲有食則食其有志於求食者矣曰有人於此毁瓦

畫墁其志將以求食也則子食之乎孟子又欲排之故以此喻之言今有人於此但以毀破碎之瓦而畫地又復墁滅之是其志將以此求其食也則子食之乎曰否彭更以爲如此者不食之也曰然則子非食志也食功也孟子乃言之曰如是則子非食其有志於求食者也是則食其有功者也以其毀瓦畫墁但有志而無功者而彭更不食之是則知彭更是亦食於有功者矣然則孟子志非欲傳食於諸侯而諸侯所以食之者亦以孟子有功而已矣○注周禮攻木之工○正義曰此蓋梁惠王下卷說之矣

萬章問曰宋小國也今將行王政齊楚惡而伐之則如之何問宋當如齊楚何也孟子曰湯居亳與葛爲鄰葛伯放而不祀湯使人問之曰何爲不祀曰無以供犧牲也湯使遺之牛羊葛伯食之又不以祀葛夏諸侯嬴姓之國放縱無道不祀先祖湯又使人問之曰何爲不祀曰無以供粢盛也湯使亳衆

往爲之耕老弱饋食葛伯率其民要其有酒食黍稻者奪之不授者殺之有童子以黍肉餉殺而奪之書曰葛伯仇餉此之謂也童子未成人殺之尤無狀。尚書逸篇文。仇怨也言湯伐葛伯怨其害此餉也爲其殺是童子而征之四海之内皆曰非富天下也爲匹夫匹婦復讎也四海之民皆曰湯不貪天下富也爲一夫報仇也湯始征自葛載十一征而無敵於天下東面而征西夷怨南面而征北狄。怨曰奚爲後我民之望之若大旱之望雨也歸市者弗止芸者不變誅其君弔其民如時雨降民大悅書曰徯我后后來其無罰載始也言湯初征自葛始也十一征而服天下一說言當作再字再十一征而言湯再征十一國再十一凡征二十二國也書逸篇也民曰待我君來我則無罰矣歸市不止不以有軍來征故市者止不行也不使芸者變休也有攸不惟臣東征綏厥士女篚。厥玄黃紹我周王見休惟臣附于大邑周其君子實玄黃于篚以迎其君子其小人簞食壺漿以迎其小人救。民於水火之中取其殘而已矣從有攸以下道周武王伐紂時也皆尚書逸篇之文也攸所也言武王東征安天下士女小人各有所執往無不惟念執臣子之節篚厥玄黃謂諸侯執玄三纁二之帛願見周王望見休善使我得附就大邑周家也其君子小人各有所執以成。其類也言武王之師救殷民於水火之中討其殘賊也太誓曰我武惟揚侵于之疆則取于殘殺伐用張于湯有光太誓。古尚書百二十篇之時泰誓也我武王用武之時惟鷹揚也侵紂之疆界則取于殘賊者以張殺伐之功也民有簞食壺櫽之歡比於湯伐桀爲有光寵美武王德優前代也今之尚書泰誓篇後得以充學故不與古太誓同諸傳記引泰誓皆古泰誓也不行王政云爾苟行王政四海之內皆舉首而望之欲以爲君齊楚雖大何畏焉萬章憂宋迫於齊楚不得行政故孟子爲陳殷湯周武之事以喻之誠能行之天下思以爲君何畏齊楚之國焉

疏萬章問曰至齊楚雖大何畏焉○正義曰此章言修德無小暴慢無強也萬章問曰宋小國也今將行王政齊楚惡而伐之則如之何萬章問孟子言宋國小國也今將欲行王者之政齊楚大國惡其行之而欲伐之則宋國當如之何而處之孟子曰湯居亳與葛爲鄰葛伯放而不祀湯使人問之曰何爲不祀至此之謂也孟子荅之曰湯王居亳地與葛國爲鄰葛國之伯放縱無道而不祀先祖湯王使人問之葛伯何爲而不祀先祖乃荅之曰無以供其犧牲也牲之色純無雜色謂之犧牲湯乃使人遺賜之牛羊葛伯既受之牛羊又自食之而不祀先祖湯又使人問葛伯何爲而又不祀葛伯又曰又無以供其粢盛也湯復使亳之衆往爲葛伯耕作以助其粢盛有老弱者餽耕者之食葛伯又率己之民於路要其有酒食黍稻者奪而食

之有不授與之者乃殺之有童子以黍肉餉其耕者葛伯率民殺其子而奪其黍肉故書有云葛伯仇餉其有所餉者故害之是此之謂也爲其殺是童子而征之四海之內皆曰非富天下也爲匹夫匹婦復讎也孟子又言爲其葛伯殺此童子而湯乃往而征伐之四海之內人皆曰湯王非貪富於天下而征葛也是爲天下一匹之夫一匹之婦復報其讎也湯始征自葛載至后來其無罰者言湯王初征自葛國始也湯之十一征而天下無敵者故東面而征其君則西夷之國怨之以爲不先征其我君之罪南面而征其君則北夷之國怨之以爲不征其我君之罪而先於彼故怨云何爲而後去其我民之望其湯之來若大旱之時人望其雲霓而雨之降也遂使歸市者得奔趨而貿易芸苗者亦得芸而不爲之休亦以湯即誅其君之有罪者而又能弔問存恤其人民故如時雨之降民皆大喜悅之書云民徯待我君之來言我君之來則我無誅罰矣一說云十一征當作再字再十一征者言湯再征十一國再十一凡征二十二國也有攸不惟臣至取其殘而已矣此皆逸書之文也言殷之民有所征之則無不惟念臣服之節故武王東征而綏撫其士女則爲之士女皆以箱篚盛其玄黃之帛以昭明我○之周王見休美惟臣皆得就附于大邑周家也故其君子實○則玄黃之帛以迎其君

子小人簞食壺漿以迎其小人是各從其類也武王之師衆
中有君子有小人故商民有君子有小人迎之者也言武王
所拯救殷民於水火之中獨取伐其殘賊其民者也今據書
乃曰昭我周王而此乃曰紹我周王蓋紹者繼也民皆以玄
黃之帛盛於篚而隨武王之師後而繼送之也蓋周王者即
武王也然必以玄黃於篚者蓋天謂之玄地謂之黃武王能
革殷之否而泰之是能如天地以覆載以養民者也必言士
女者以其武王所綏不特匹夫匹婦而已雖未冠之士未笄
之女亦且綏之故曰綏厥士女太誓曰我武惟揚侵于之疆
則取于殘殺伐用張于湯有光此古之太誓篇之文也言太
誓有云我武王用武之時惟鷹揚也侵于紂之疆界則取于
殘賊者於是殺伐之功用張行之故比于湯王伐桀之時又
有以光于前代也不行王政云爾苟行王政至齊楚雖大何
畏焉孟子於此乃曰今宋國不行王者之政故云齊楚惡而
伐之爾如宋國苟能行其王者之政則四海之內人皆舉首
引領而望之欲以爲之君也齊楚二國雖大然何畏之有○
注葛夏諸侯嬴姓之國○正義曰案地理志云葛今梁國寧
陵有葛鄉裴駰亦引之而證史記亳都亦在梁國故云爲鄰
書曰湯征諸侯葛伯不祀湯始征之孔安國云葛國伯爵也
廢其土地山川及宗廟神祇皆不祀湯始伐之言伐始於葛

也書於是乎作湯征今尚書仲虺之誥曰乃葛伯仇餉初征自葛東征西夷怨南征北狄怨曰奚獨後予孔傳云葛伯遊行見農民之餉於田者殺其人奪其餉故謂之仇餉仇怨也湯爲是以不祀之罪伐之從此後遂征無道西夷北狄舉遠以言則近者著矣曰奚獨後予者蓋怨者之辭也○注從有攸下至殘賊也○正義曰云篚厥玄黃謂諸侯執玄三纁二之帛者禮云諸侯世子執纁公之孤執玄附庸之君執黃是帛也鄭司農云三染謂之纁此亦周禮鍾氏有三入爲纁故也

孟子謂戴不勝曰子欲子之王之善與我明告子不勝宋臣有楚大夫於此欲其子之齊語也則使齊人傅諸使楚人傅諸孟子假喻有楚大夫在此欲變其子使學齊言當使齊人傅之。使楚人自傅相之邪曰使齊人傅之不勝曰使齊人曰一齊人傅之衆楚人咻之雖日撻而求其齊也不可得矣引而置之莊嶽之間數年雖日撻而求其楚亦不可得矣言使一齊人傅相衆楚人咻之咻之者讙也如此雖日撻之欲使齊言不可得矣言寡不勝衆也莊嶽齊街里名也多人處之數年而自齊也子謂薛居州善士也使之居於王所在於王所者長幼卑尊皆薛居州也王誰與爲不善孟子曰不勝常言居州宋之善士也欲使居於王所如使在王所者小大皆如居州則王誰與爲不善者也在王所者長幼卑尊皆非薛居州也王誰與爲善一薛居州獨如宋王何如使在王左右者皆非居州之疇王當誰與爲善乎一薛居州獨如宋王何而能化之也周之末世列國皆僭號自稱王故曰宋王也

疏孟子謂戴不勝至如宋王何○正義曰此章言自非聖人在所變化故諺曰白沙在泥不染自黑蓬生麻中不扶自直之類也孟子謂戴不勝曰至亦不可得矣不勝宋王之臣也姓戴名不勝孟子謂之曰子今欲子之宋王爲善歟我今明言而告子且假喻今有楚國之大夫於此欲使其子學齊人之言則當使齊人傅諸使楚人傅諸曰使齊人傅之

不勝荅之以爲當使齊人傳相之孟子又言如使一齊人傳相其子之言而衆楚人皆咻嚾之雖日加鞭撻其子而求爲齊言也不可得巳如引其子置之閭巷之間數年之久雖日加鞭撻而求其子爲楚言亦不可得巳子謂薛居州善士也至如宋王何孟子又言今不勝謂薛居州善士者也使之居於宋王之所如在宋王之所者長幼卑尊皆如薛居州善士者也則宋王誰與爲不善也如在宋王之左右長幼卑尊皆非薛居州之善者也則宋王誰能與爲善今以一薛居州獨佐於宋王爲善其能如宋王何無他以其一人之寡不能勝其衆也故孟子所以齊人楚人而比喻之也薛居州宋國之善士者也

孟子注疏解經卷第六上

南昌縣知縣陳煦琹

孟子注疏卷六上挍勘記　阮元撰盧宣旬摘錄

請見孟子　閩監毛三本足利本同廖本孔本韓本考文古本無見字

故招之而不至也　閩監毛三本同廖本孔本韓本考文古本作故不至也

何爲也已　閩監毛三本同廖本孔本韓本考文古本無已字

尺小尋者尚可枉大就小而以要其利也　閩監毛三本同廖本孔本韓本考文古本者尚作大不無其字案音義出要利則無其字是也

簡子幸臣也　閩監毛三本同廖本孔本韓本考文古本無也字

吾爲之範我馳驅　音義範我或作范氏案後漢書班固傳注引孟子正作范氏文選注同今亦誤改爲範我○按范氏見左傳劉累學擾龍事孔甲賜氏曰御龍晉范氏其後也李善引括地圖即此事但孔甲譌爲禹耳孟子作范氏爲長範我乃淺人所改

不習於禮也 閩監毛三本同廖本孔本韓本考文古本無也字

一發貫臧 足利本臧作機音義出貫臧作機非○按臧即今五臟字徂浪切一發貫臧應矢而死所謂貫心死疾爲上殺也孫宣公云臧如字非也

尙知羞恥此射者 閩監毛三本同岳本孔本韓本羞恥作恥羞

而見之乎 閩監毛三本孔本足利本同廖本韓本考文古本無乎字

章指言修禮守正非招不往枉道富貴君子不許是以諸侯雖有善其辭命伯夷亦不屑就也

招虞人以當皮冠 以當誤倒閩監毛三本不誤

當以義正君 閩監毛三本同廖本孔本韓本考文古本正作匡

乃可以爲之大丈夫矣 閩監毛三本同廖本孔本韓本考文古本作乃可謂大丈夫案爲字

無理

章指言以道匡君非禮不運稱大丈夫阿意用考文古本作相謀

善戰務勝事雖有剛心歸柔順故云妾婦以況儀衍

而不得爾閩監毛三本同廖本孔本韓本考文古本無爾字

言古人閩監毛三本同廖本孔本韓本考文古本上有而字

猶喪人曰閩監毛三本同廖本孔本韓本考文古本曰作也案也是

周霄曰我晉人也考文古本上有故字

君子何爲難仕閩監毛三本同廖本孔本韓本考文古本上重若此二字重者是

如不由其道亦與鑽穴隙者無異閩監毛三本同廖本孔本韓本考文古本道上有正字亦作是無作何

章指言君子務仕思播其道達義行仁待禮而動苟容干

考文古本作求祿踰牆之女人之所賤故弗爲也

爲甚奢泰者也閩監毛三本同廖本韓本無者字孔本者也作乎

非其道閩監毛三本同廖本孔本韓本考文古本作非以其道

子以舜受堯之天下閩監毛三本同廖本孔本韓本無之字

謂仕無功閩監毛三本同宋本亦作仕廖本仕作士孔本韓本同下有事字考文古本亦有事字

是其四餘羨者也閩監毛三本同岳本四下有者字廖本孔本韓本考文古本作是其四者羨餘也案閩監毛三本誤

悌悌順也閩監毛三本同廖本孔本韓本考文古本上悌作順也二字

彭更以爲彼志食於閩監毛三本同廖本孔本韓本考文古本食於作於食案三本誤

畫墁音義云張武安切與謾同○按謾必誤字謾者欺也於此文理不順依注云墁滅則當云與槾同集韻鏝槾墁三字同也墁乃槾之俗

然而其意廖本孔本韓本考文古本同閩監毛三本意作志

則可食乎閩監毛三本同廖本孔本韓本可作子

則子果食功也非食其志也閩監毛三本同廖本孔本無非食其志也五字韓本考文古本與廖本同無則字

章指言百工食力以祿養賢修仁尚義國之所尊移風易俗其功可珍雖食諸侯不爲素餐

尚書逸篇文閩監毛三本同廖本孔本韓本考文古本作書尚書逸篇也

言湯伐葛伯閩監毛三本同廖本孔本韓本考文古本作言湯所以伐殺葛伯

爲一夫報仇也　閩監本廖本孔本韓本足利本同毛本誤作匹夫執仇也考文古本與毛本同匹作一

北狄怨　廖本狄作夷

自葛始也　閩監毛三本韓本同岳本廖本孔本自作從

再十一征而言湯再征十一國　閩監毛三本同岳本下再下有出字廖本韓本考文古本作再十一者湯再出征十一國孔本與廖本同無出字

民曰待我君來　閩監毛三本同孔本韓本考文古本重君字

有攸不惟臣　按各舊本經注及各本注疏皆作惟疏云惟念臣服之節固不誤也朱子集注本譌作爲臣不可不正

篚厥元黃　閩監毛三本同廖本孔本韓本篚作匪案音義出匪厥丁云義當作篚此作匪古字借用則作匪是

也下同○按據說文匸部匪似竹篋引周書實元黃于匪非借用乃正字也竹部篚訓車笭也

救民於水火之中　音義救字或作捄

皆尚書逸篇之文也　閩監毛三本同廖本孔本韓本無也字

以成其類也　閩監毛三本同廖本孔本韓本考文古本成作迎

太誓曰　閩監毛三本同廖本孔本韓本太作大注太泰同

侵紂之疆界　閩監毛三本同廖本孔本韓本考文古本上有侵于之彊四字

以張殺伐之功也　閩監毛三本同廖本孔本韓本考文古本殺伐作伐殺

皆古泰誓也　孔本脫也字

何畏齊楚之國焉　閩監毛三本同廖本孔本韓本考文古本無之國二字

章指言修德無小暴慢無強是故夏商之末民思湯武雖

欲不王未由也已

實則元黃之帛　則實誤倒閩監毛本不誤

當使齊人傅之　閩監毛三本同廖本孔本韓本考文古本下有邪字

衆楚人咻之　閩監毛三本孔本同韓本考文古本衆楚作楚衆

嚾也　閩監毛三本同廖本孔本韓本作讙也案音義出嚾也丁云字讙譁同則作讙非也

如使在王所者　廖本孔本韓本考文古本同閩監毛三本如誤即

則王誰與爲不善者也　閩監毛三本同岳本廖本孔本韓本考文古本無者字

章指言自非聖人在所變化故諺曰白沙在涅不染自黑蓬生麻中不扶自直言輔之者衆也

孟子注疏卷六上校勘記

孟子注疏解經卷第六下

滕文公章句下　趙氏注　孫奭疏

公孫丑問曰：不見諸侯何義？丑怪孟子不肯每輒應諸侯之聘，不見之於義謂何也。

孟子曰：古者不爲臣不見。古者不爲臣不肯見。不義而富且貴者也。段干木踰垣而辟之，泄柳閉門而不納。是皆已甚，迫斯可以見矣。孟子言魏文侯、魯繆公有好善之心，而此二人距之太甚，迫窄則可以見之。陽貨欲見孔子而惡無禮，大夫有賜於士，不得受於其家，則往拜其門。陽貨，魯大夫也。孔子，士也。陽貨瞯。孔子之亡也，而饋孔子蒸豚；孔子亦瞯其亡也，而往拜之。當是時，陽貨先，豈得不見？瞯，視也。陽貨視孔子亡而饋之者欲使孔子來荅恐其使荅拜使人也孔子瞯其亡者心不欲見陽貨也論語曰饋孔子豚孟子曰蒸豚豚非大牲故用熟饋也是時陽貨先加禮豈得不往拜見之哉曾子曰脅肩諂笑病于夏畦脅肩竦體也諂笑強笑也病極也言其意苦勞極甚於仲夏之月治畦灌園之勤也子路曰未同而言觀其色赧赧然非由之所知也未同志未合也不可與言而與之言謂之失言也觀其色赧赧然面赤心不正之貌也由子路名子路剛直故曰非由所知也由是觀之則君子之所養可知已矣孟子言由是觀曾子子路之言以觀君子之所養志可知矣謂君子養正氣不以入邪也

疏公孫丑問曰至可知已矣○正義曰此章言道異不謀迫斯強之段泄已甚瞯亡得其宜正己直行不納於邪赧然不接傷若夏畦也公孫丑問曰不見諸侯何義丑怪孟子不見諸侯故問之曰不見諸侯其義謂何也孟子曰古者不為臣不見至可知已矣孟子荅之公孫丑言古之不為臣者不肯見不義而饕富貴者也如段干木踰垣牆而避魏文侯於外泄柳閉門而拒魯繆公於內然皆不見之者是皆文侯繆公而就見已甚

迫切斯可以見矣然干木泄柳且不見之耳陽貨欲願見於孔子而畏孔子惡己之無禮而不見之意已謂己爲大夫而有遺賜孔子但爲之士彼不得受其遺賜於其家則必往謝己門故陽貨視孔子不在遂饋送孔子蒸豚之禮然而孔子至後亦以視陽貨不在乃往其門而拜謝之故當是之時陽貨豈先不得見孔子以其不合視孔子不在乃饋蒸豚孔子所以不欲見亦復其亡而往謝之也蒸豚熟豚也曾子又有云脅肩諂笑竦縮其身强容而笑言其勞苦有甚於夏之五六月而灌園也治畦曰灌園也子路有云未合其志而與之言觀其色赧赧然面赤而心不正者非我之所知也由子路自稱名也孟子曰由此數者觀之則君子之所養以義可得而知矣蓋就此數者論之孟子必荅孫丑以此者則孟子不見諸侯是亦分也義也孫丑乃不知之奈之何哉今且以孟子不見諸侯必以段干泄柳爲言者蓋謂魏文魯繆二君欲見此二子如此之迫切而二子尚不見之而況已往見諸侯哉必以陽貨爲言者蓋謂孔子不見陽貨者乃陽貨自取之爾今已之不見諸侯者亦以諸侯不禮於我矣必以曾子所謂而言者蓋謂已如往見諸侯亦是脅肩諂笑者也必以子路所謂而言者蓋謂已如就見諸侯亦是未同而觀其色赧赧然之人也此孟子所以執此而喻其意於公孫丑也說文

云畦萊畦也是知即園也○注論語曰饋孔子豚○正義曰案孔安國傳云陽貨欲使孔子往謝故遺孔子豚陽貨陽虎也名虎字貨爲季氏家臣而專魯國之政欲見孔子將使之仕也豚豕之小者故論語於陽貨篇云陽貨欲見孔子孔子不見歸孔子豚孔子時其亡也而往拜之遇諸塗謂孔子曰來予與爾言曰懷寶而迷邦可謂仁乎好從事而亟失時可謂知乎曰不可日月逝矣歲不我與孔子曰諾吾將仕矣凡此是其事也○注子路剛直○正義曰案孔子弟子列傳云子路性鄙好勇力志伉直是爲剛直也後死於衛

戴盈之曰什一去關市之征今茲未能請輕之以待來年然後已何如戴盈之宋大夫問孟子欲使君去關市征稅復古行什一之賦今年未能盡去且使輕之待來年然後復古何如

孟子曰今有人日攘其鄰之雞者或告之曰是非君子之道曰請損之月攘一雞以待來年然後已如知其非義斯速已矣何待來年攘取也取自來之物也孟子以

此爲喻知攘之惡當即止何可損少月取一雞待來年乃止乎謂盈之之言若此類者也

【疏】戴盈之曰至何待來年〇正義曰此章言從善改非坐而待且知而爲之罪重於故譬猶攘雞多少同盜變惡速然後可也戴盈之曰什一去關市之征今茲未能請輕之以待來年戴盈之即戴不勝字盈之也爲宋國之大夫問於孟子曰欲使宋君去關市之征稅今年未能盡去且使輕取之以待來年然後盡去之如之何孟子曰今有人日攘其鄰之雞至何待來年孟子以此比喻之以荅盈之之言非也言今有人日日攘取其鄰家之雞者或有人告之曰此攘雞乃小人盜賊之道非君子大公至正之道也乃曰請損之但月攘一雞以待來年然後止而勿攘今子如知宋君取關市之稅爲非義若此攘雞之非道斯可速而止之耳何可待來年然後已乎此孟子所以告之是耳

公都子曰外人皆稱夫子好辯敢問何也公都子孟子弟子外人他人論議者也好辯言孟子好與楊墨之徒辯爭孟子曰予豈好辯哉予不得已也曰我不得已耳欲救正道懼爲邪說所亂故辯之也天下之生久矣一治一亂當堯之

時水逆行，氾濫於中國，蛇龍居之，民無所定，下者爲巢，上者爲營窟。天下之生，生民以來，迭有治亂，非一世。水生蛇龍，水盛則蛇龍居民之地也。民患水，避之，故無定居。埤下者於樹上爲巢，猶鳥之巢也。上者，高原之上也，鑿岸而營度之，以爲窟穴而處之。書曰：「洚水警余。」洚水者，洪水也。尚書逸篇之。水逆行，洚洞無涯，故曰洚水也。洪，大也。使禹治之，禹掘地而注之海，驅蛇龍而放之菹，水由地中行，江、淮、河、漢是也。險阻既遠，鳥獸之害人者消，然後人得平土而居之。堯使禹治洪水，通九州，故曰掘地而注之海也。菹，澤生草者也，今青州謂澤有草爲菹。水流行於地而去也，民人下高就平土，故遠險阻也。水去，故鳥獸害人者消盡也。堯舜既沒，聖人之道衰，暴君代作，壞宮室以爲汙池，民無所安息；棄田以爲園囿使民不得衣食邪說暴行又作園囿汙池沛澤多而禽獸至暴亂也亂君更興殘壞民室屋以其處爲汚池棄五穀之田以爲園囿長逸遊而棄本業使民不得衣食有飢寒並至之厄其小人則放辟邪侈故作邪僞之說爲姦寇之行沛草木之所生也澤水也至衆也田疇不墾故禽獸衆多謂羿桀之時也及紂之身天下又大亂周公相武王誅紂伐奄三年討其君驅飛廉於海隅而戮之滅國者五十驅虎豹犀象而遠之天下大悅奄東方無道國武王伐紂至于孟津還歸二年復伐前後三年也飛廉紂諛臣驅之海隅而戮之猶舜放四罪也滅與紂共爲亂政者五十國也奄大國故特伐之尚書多方曰王來自奄書曰丕顯哉文王謨丕承哉武王烈佑啓我後人咸以正無缺書尚書逸篇也丕大顯明承纘烈光也言文王大顯明王道武王大纘承天光烈佑開後人謂成康皆行

正。道無虧缺也此周公輔相以撥亂之功也世衰道微邪說暴行有作臣弒其君者有之子弒其父者有之孔子懼作春秋春秋天子之事也是故孔子曰知我者其惟春秋乎罪我者其惟春秋乎世衰道微周衰之時也孔子懼正。道遂滅故作春秋因魯史記設素王之法謂天子之事也知我者謂我正。綱紀也罪我者謂時人見彈貶者言孔子以春秋撥亂也

聖王不作諸侯放恣處士橫議楊朱墨翟之言盈天下天下之言不歸楊則歸墨楊氏爲我是無君也墨氏兼愛是無父也無父無君是禽獸也言孔子之後聖王之道不興戰國縱橫布衣處士游說以干諸侯若楊墨之徒無尊異君父之義而以攢。議於世也公明儀曰庖有肥肉廄有肥馬民有飢色野

有餓莩。此率。獸而食人也公明儀魯賢人言人君但崇庖廚養犬馬不恤民是爲率禽獸而食人也楊墨之道不息孔子之道不著是邪說誣民充塞仁義也仁義充塞則率獸食人人將相食言仁義塞則邪說行獸食人則人相食此亂之甚也吾爲此懼閑先聖之道距楊墨放淫辭邪說者不得作閑習也淫放也孟子言我懼聖人之道不著爲邪說所乘故習聖人之道以距之作於其心害於其事作於其事害於其政聖人復起不易吾言矣說與上篇同

昔者禹抑洪水而天下平周公兼夷狄驅猛獸而百姓寧孔子成春秋而亂臣賊子懼抑治也周公兼懷夷狄之人驅害人之猛獸也言亂臣賊子懼春秋之貶責也詩云戎狄是膺荊舒

是懲則莫我敢承此詩已見上篇說無父無君是周公所膺也是周公所欲伐擊也我亦欲正人心息邪說距詖行放淫辭以承三聖者豈好辯哉予不得已也孟子言我亦欲正人心距詖行以奉禹周公孔子也不得已而與人辯耳豈好之哉能言距楊墨者聖人之徒也孟子自謂能距楊墨也徒黨也可以繼聖人之道謂名世者也故曰聖人之徒也

疏孟子曰予豈好辯哉至聖人之徒也○正義曰此章言憂世撥亂勤以濟之義以匡之也公都子問孟子曰外人皆稱夫子好與楊墨之徒爭辯敢問是何如孟子曰予豈好辯哉予不得已也孟子荅之曰我豈好與彼爭辯之哉但欲正人心不得已而用辯之也天下之生久矣一治一亂至上者為營窟孟子言天下之生民以來至于今以久矣其間一治一亂甚多當堯之時水逆勢而流行氾濫於中國蛇龍由是居處於其間民亦無所安其居處以至居於埤下者乃於樹上為巢如鳥之栖於巢也居於高原之上者乃鑿為穴窟而處之書曰洚水警余洚水洪水也使禹治之禹

掘地而注之海至然後人得平土而居之言尚書逸篇之文云洚水警懼我此堯舜言故稱余余我也孟子引之故自解之洚水言洚洚水則洪大之水也故舜使禹治其洪水禹乃掘地因其勢順而流注之海又驅遣蛇龍而放之菹菹澤生草之所也於是水從地中流行故不氾逆所謂導江導淮導河導入漢之水是禹之治也危險艱阻既以遠去而無氾濫之患鳥獸之害於人者遂消滅然後人皆得平坦之地而居之所謂水逆行氾濫於中國蛇龍居之爲巢營窟之難於是免矣堯舜既沒聖人之道衰至及紂之身又至咸以正無缺者孟子言自堯舜既沒之後聖人所行之道衰微暴虐之君更興乃毀壞民之宮室以爲汙池而民皆無所安居休息又棄五穀之田以爲之園囿而恣遊傲乃使民不得衣食於是又民有飢寒其小人皆放辟邪侈作邪僞之説爲姦寇之行又作園囿汙池於是草木沛澤茂盛而禽獸至衆及紂之世又爲大亂周公乃輔相武王誅伐其紂又伐奄國終始三年討戮殘賊之君乃驅逐飛廉誅臣於海隅之地而戮殺之遂滅與紂共爲亂之國者有五十國然後驅遣其虎豹犀象之野獸而遠去之天下之人已皆大悦而歸武王書所謂丕顯哉文王謨丕承哉武王烈佑啓我後人咸以正無缺是斯之謂歟蓋言大明文王創始之謀謨大纘集武王之功烈佑開後

人皆以正道行之故無虧缺也後人是謂成王康王在後者也世衰道微邪說暴行至其惟春秋乎孟子又言至周世之道衰於是微滅邪說暴行之人又有起作於是臣弑其君者有之子弑其父者有之惟孔子於此時乃恐懼正道遂滅而害人正心故因魯史記而作春秋之經蓋春秋者乃設素王之道皆天子之事迹也孔子云知我正王綱者其惟以春秋知我矣罪我以謂迷亂天下者其亦惟以春秋罪我矣聖王不作諸侯放恣至是禽獸也孟子又言自孔子之後聖王無有興作於其間諸侯乃放恣爲亂布衣之處士乃橫議而遊說於諸侯於是楊朱墨翟偏蔽之言盈滿於天下天下之言者不歸從楊朱之爲己則歸從墨翟之兼愛以其爲己之言行是使天下無其君也兼愛之言行是使天下無其父也無父無君是禽獸之類也非人也公明儀曰至率獸而食人也孟子又引昔公明儀有云君之庖廚乃多有其肥肉棧廄之中多養其肥馬而下民以有飢餓之顏色郊野之間以有餓死之莩者如此是國君率獸而食人也楊墨之道不息孔子之道不著至吾爲此懼又至吾言矣孟子又言楊墨自爲兼愛之道不熄滅則孔子之正道不著明是邪說欺誣其民而充溢掩其仁義之道也仁義既以邪說充塞而掩之則不特率獸食人而人亦將自相食也孟子故言我爲此恐懼乃欲

防閑衛其先聖之正道而排斥拒其楊墨放逐其淫辭使邪說者不得與作於其間所謂作於其心害於其事作於其事害於其政聖人復起必從吾言矣此蓋說在上篇此更不說昔者禹抑洪水而天下平周公兼夷狄驅猛獸而百姓寧孔子作春秋而亂臣賊子懼此皆孟子言至於此又復自堯至於孔子再詳揔說之也言往者自舜使禹抑治其水而天下於是乎得平安至周公相武王兼征夷狄驅逐暴獸而人民於是乎得寧靜以至孔子作成春秋而褒貶著而亂臣賊子於是乎恐懼之詩云戎狄是膺荆舒是懲則莫我敢承說在上篇詳矣孟子言如是則無父無君者是周公所欲膺擊而伐之也我今亦欲正其人心息滅其邪說距止其險陂之行放逐其淫辭以奉承禹周公孔子三聖者豈我好與楊墨之辯哉是我不得已故當與之爭辯也然而能言距止楊墨之道者是亦爲聖人之徒黨也故曰我亦欲正人息邪說距詖行放淫辭以承三聖者豈好辯哉予不得已也能言距楊墨者聖人之徒也○注堯使禹治洪水通九州至消盡也正義曰禹通九州者蓋始自堯所都冀州而起遂從東南通于兗州兗州既達又東南通於青州青州既達又從南通於徐州徐州既達又南通於楊州楊州既達又西通於荆州荆州既達又從荆而北通於豫州豫州既達又從豫而西通於梁州

梁州既達又從梁而北通於雍州雍州既達於是又通乎冀州冀州乃帝都也凡此是皆禹通之耳○注奄東方無道國至王來自奄正義曰案鄭玄云奄國在淮夷之北裴駰亦引而證史記云伐奄者孔安國云周公歸政之明年淮夷奄國又叛成王東伐淮夷遂滅奄而徙其君五月自奄還至鎬京是王自奄也云飛廉紂諛臣案史記云飛廉乃顓頊之苗裔也飛廉善走其子惡來惡來有力父子俱以材力事殷紂周武王伐紂并殺之是矣舜放四罪所謂流共工于幽州放驩兜于崇山竄三苗于三危殛鯀于羽山四罪而天下咸服凡此是也○注禹稷胼胝周公仰思仲尼皇皇正義曰經云禹稷手足胼胝周公仰而思之夜以繼日揚雄云仲尼皇皇是也凡此蓋言皆能勤於爲生民耳

匡章曰陳仲子豈不誠廉士哉居於陵三日不食耳無聞目無見也井上有李螬食實者過半矣匍匐往將食之三咽然後耳有聞目有見匡章齊人也陳仲子齊一介之士窮不苟求者是以絕糧而餒也螬蟲也李實有蟲食之過半言仲子目不能擇也

孟子曰於齊

國之士吾必以仲子爲巨擘焉雖然仲子惡能廉充仲子之操則蚓而後可者也夫蚓上食槁壤下飲黃泉巨擘大指也比於齊國之士吾必以仲子爲指中大者耳非大器也蚓蚯蚓之蟲也充滿其操行似蚓而可行者也蚓食土飲泉極廉矣然無心無識仲子不知仁義苟守一介亦猶蚓也仲子所居之室伯夷之所築與抑亦盜跖之所築與所食之粟伯夷之所樹與抑亦盜跖之所樹與是未可知也孟子問匡章仲子豈能必使伯夷之徒築室樹粟乃居食之邪抑亦得盜跖之徒使作也是殆未可知也曰是何傷哉彼身織屨妻辟纑以易之也匡章曰惡人作之何傷哉彼仲子身自織屨妻緝纑以易食宅耳緝績其麻曰辟練其麻曰纑故云辟纑曰仲子齊之世家也兄戴蓋祿萬鍾以兄之祿爲

不義之祿而不食也以兄之室爲不義之室而不居也避兄離母處於於陵孟子言仲子齊之世卿大夫之家兄名戴爲齊卿食采於蓋祿萬鍾仲子以爲事非其君行非其道以居富貴故不義之竄於於陵也他日歸則有饋其兄生鵝者己頻顣曰惡用是鶂鶂者爲哉他日異日也歸省其母見兄受人之鵝而非之已仲子也頻顣不悅曰安用是鶂鶂者爲乎鶂鶂鵝鳴聲他日其母殺是鵝也與之食之其兄自外至曰是鶂鶂之肉也出而哇之以母則不食以妻則食之以兄之室則弗居以於陵則居之是尚爲能充其類也乎若仲子者蚓而後充其操者也異日母食以鵝不知是前所頻顣者也兄疾之告曰是鶂鶂之肉也仲子出門而哇吐之孟子非其不食於母而食妻所作屨

纑易食也，不居兄室而居於於陵人所築室也，是尚能充人類乎？如蚓之性，然後可以充其操也。是以孟子喻以蚯蚓而比諸巨擘而已。〔疏〕匡章曰至而後充其操者也○正義曰：此章言聖人之道親親尚和，志士之操耿介特立，可以激濁，不可常法者也。匡章曰陳仲子豈不誠廉士哉至目有見者，匡章，齊國之人也；仲子，齊國一介之士也。匡章謂孟子曰：陳仲子之爲人，豈不誠爲廉士者哉？言仲子居處於於陵之地，三日無食，故不求食，以至飢餓，使耳聾而無聞，目盲而無見。井里之上有李果，爲螬蟲所食者，其實已過半矣，但匍匐往而取食之，食至三吞，然後耳方有所聞而不聾，目方有所見而不盲。言仲子之至如此之甚，尚不肯苟求於人，是所謂豈不誠廉潔之士哉。孟子曰於齊國之士至下飲黃泉，孟子荅之以謂於齊國之衆士中，吾必以陳仲子但如指中之大者耳。雖然，大指又安能爲廉潔之士哉？如充滿其仲子之操守，則必似蚯蚓而後可行也。故蚓但上食其槁壤之土，下飲其黃泉之水，是謂極廉矣。今仲子所居處之屋，且以爲伯夷之所築而居之歟？抑亦即盜跖爲利者之所築而居歟？仲子所食之粟米，且以伯夷之所種而食歟？抑亦即爲盜跖者之所種而食歟？故孟子以此問之。匡章乃曰仲子所居之室伯夷之所築歟，抑亦盜跖之所築歟？所食之粟伯夷之所樹

歟抑亦盜跖之所樹歟然孟子必以伯夷言之又必以盜跖
言之者蓋謂伯夷之清最爲潔者盜跖最爲貪利者而仲子
必不能使伯夷之徒築室樹粟乃居食之也但亦盜跖所築
樹而居食之也豈足謂之廉士哉故曰是未可知也以其但
亦盜跖所築樹也殆未可得而知也曰是何傷哉彼身織屨
妻辟纑以易之也匡章又言於孟子曰此何傷於仲子爲廉
哉言雖盜跖之徒而築樹之而仲子所居食之亦不足傷害
仲子爲廉潔之士矣以其彼仲子親織其草屨妻緝績其麻
以貿易室與粟而居食之也曰仲子齊之世家也兄戴蓋祿
萬鍾以兄之祿爲不義之祿至蚓而後可充其操者也孟子
又言仲子者乃齊國世卿大夫之家也其仲子之兄名戴者
食采於蓋之邑祿受萬鍾之秩仲子乃以兄之祿爲不義之
祿而不食以兄所居之室爲不義之室而不居遂逃避其兄
離去其母而自處於於陵於陵齊之別邑也異日歸省其母
見有饋遺其兄之生鵝者乃頻顣不悅而言曰安用是鶂鶂
者爲饋哉又至異日其仲子之母乃殺此鵝與仲子而食之
其仲子之兄自外而歸至見仲子食此鵝肉乃疾告之曰此
是前日所饋我鶂鶂者之肉也仲子覺爲鵝肉出門外哇而
吐之以其母所殺之食而且不食乃食於妻子所辟纑而易
所食而食之以兄所居之屋而且不居乃以於陵之人所居

之屋而居之如此尚何能充爲人之類乎若仲子者但如蚓之性然後可充其所操也孟子意謂仲子之廉以此是不足爲廉者矣人安可得而法之邪匡章子所以言仲子爲廉士者以其欲則法之宜孟子以是言而比喻巨擘蚯蚓之類而排拒之也巨擘大指也○注緝績其麻曰辟練麻曰纑○正義曰釋名云辟分辟也纑布纑也是知爲緝績練麻也○注食采於蓋○正義曰蓋齊之下邑也公孫丑之篇亦有說焉

孟子注疏解經卷第六下

大清嘉慶二十一年
用文選樓藏本校

南昌縣知縣陳煦栞

孟子注疏卷六下挍勘記

阮元撰盧宣旬摘録

閉門而不納 閩監毛三本同廖本孔本韓本納作内案音義出不内作内是也

有好善之心 閩監毛三本同宋本廖本孔本韓本善作義

陽貨矙孔子之亡也 音義矙或作瞰○按依說文則闞是正字

章指言道異不謀迫斯强之段泄已甚矙亡得宜正己直行不納於邪赧然不接傷若夏畦也 足利本無赧然以下九字

公孫問曰 閩本同監毛二本孫下有丑字

孟子必荅孫丑以此者 閩本同監毛二本孫上有公字下孫丑乃不知之同

章指言從善改非坐而待且知而爲之罪重於故譬猶攘雞多少同盜變惡自新 孔本新作心非 速然後可也

孟子弟子　閩監毛三本同廖本孔本韓本考文古本下有也字

言孟子　閩監毛三本韓本同廖本孔本無孟字

生民以來也　孔本脫民字

迭有治亂　閩監毛三本同廖本韓本治亂作亂治

埤下者　毛本埤作卑案音義出埤作卑非也

尙書逸篇之水逆行　閩本之作文監毛本之水作水之廖本孔本韓本考文古本之作也

故曰洚水也洪大也　閩監毛三本同宋本作故洚水洪水也岳本廖本孔本韓本無上也字

謂澤有草爲菹　閩監毛三本同岳本孔本韓本考文古本草下有者字

水流行於地而去之　閩監毛三本足利本同廖本孔本韓本考文古本之作也

故作邪僞之說　閩監毛三本孔本韓本同廖本邪作詐

誅紂伐奄考文古本誅作討

大纘承天光烈廖本孔本韓本考文古本同閩監毛三本天誤夫

皆行正道無虧鈌也岳本正作王鈌諸本作缺

懼正道遂滅閩監毛三本同廖本孔本韓本考文古本正作王

謂我正綱紀也閩監毛三本同廖本孔本韓本考文古本綱紀作王綱

無尊異君父之義廖本異作卑足利本同廖本無之字

而以攢議於世也閩監毛三本同廖本孔本韓本考文古本攢作横足利本作縱横

野有餓莩音義莩或作芆或作殍孔本作芆蓋采用或本莩殍已見於廣韻

此率獸而食人也廖本考文古本獸上有禽字

距詖行閩監毛三本同廖本孔本韓本考文古本作距險詖之行

故曰聖人之徒也　閩監毛三本同廖本孔本韓本考文古本無此七字

章指言夫憂世撥亂勤以濟之義以匡之是故禹稷駢躓周公仰思仲尼皇皇墨突不及汙聖賢若此　孔本韓本考文古本作是

豈得不辯也

我亦欲正人　下脫心字閩監毛三本不脫

還至縞京　閩本同監毛本縞作鎬

練其麻曰纑故云辟纑　閩監毛三本同廖本孔本韓本無其字故云辟纑四字考文古本引故云辟纑云無此四字○按練其麻當作練麻縷說文曰纑布縷也

竄於於陵也　閩監毛三本同廖本孔本韓本考文古本無也字

已頻顣曰　音義頻亦作嚬案文選注引孟子曰嚬蹙而言正作嚬字

鵝鳴聲閩監毛三本同廖本孔本韓本考文古本聲上有之字○按丁氏五歷切與鵝鳴聲不相似蓋孟子書本作皃如今人之讀小兒與鵝聲略相近也俗人加鳥作鶂則爲說文六鶂字

是以孟子喻以丘蚓而比諸巨擘而已閩監毛三本同廖本孔本韓本考文古本無此注

章指言聖人之道親親尚和志士之操耿介特立可以激濁不可以孔本韓本考文引古本皆無以字常法是以孟子喻以丘蚓比諸巨擘也

至自有見者自目之誤閩監毛三本不誤今據改

孟子注疏卷六下挍勘記

奉新趙儀吉挍

孟子注疏解經卷第七上

離婁章句上　凡二十八章　孫奭疏

趙氏注　離婁者古之明目者蓋以爲黃帝之時人也黃帝亡其玄珠使離朱索之離朱即離婁也能視於百步之外見秋毫之末然必須規矩乃成方圓猶論語述而不作信而好古故以名篇

疏　正義曰前章首論滕文公問以古道故以滕文公爲篇題次於公孫丑問政謂其爲政莫大於反古也然則此篇孟子首言離婁之明故以目爲篇題次於滕文公問以古道是亦反古道者莫大乎明也遂次滕文公之篇所以揭離婁爲此篇之題此篇凡六十章趙氏分之以爲上下卷此卷只有二十八章而已一章言雖有巧智猶須法度二章言法則堯舜鑒戒桀紂三章言安仁在於爲仁惡弗去則患及其身四章言行有不得於人反求諸身責己之道也五章言天下國家本正則立本傾則踣六章言巨室不罪咸以爲表德之流行可充四海七章言遭衰逢亂屈服强大據國行仁天下無敵八章言人之安危皆由於己九章言水性趨下民樂歸仁十章言曠仁舍禮自暴棄之道也十一章言親親敬長

近取諸己十二章言事上得君乃可臨民信友悅親本在於身十三章言養老尊賢國之上務十四章言聚斂富民棄於孔子重人命之至者十五章言知人之道十六章言人君恭儉率下移風人臣恭儉明其廉忠十七章言權時之義嫂溺援手十八章言父子至親相責離恩易子而教相成以仁十九章言上孝養志下孝養體二十章言小人爲政不足間非君正國定下不邪侈二十一章言不虞獲譽不可爲戒求全受毀未足懲咎二十二章言言出於身不惟其責則易之矣二十三章言人患在爲師二十四章言尊師重道二十五章言餔啜沈浮君子不與二十六章言無後不可二十七章言仁義之本在孝悌二十八章言天下之富貴不若得意於親其餘三十二章分在下卷不無敘焉○注離婁至題篇○正義曰莊子天地篇云黃帝遊乎赤水之北登乎崐崘之山南望而歸遺其元珠使知索之不得使離朱索之蓋其人也離朱即離婁也論語第七篇首云述而不作信而好古竊比於我老彭是其旨也

孟子曰離婁之明公輸子之巧不以規矩不能成方員公輸子魯班魯之巧人也或以爲魯昭公之子雖天下至巧亦猶須規矩也師曠之

聰，不以六律，不能正五音。師曠，晉平公之樂太師也。其聽至聰，不用六律，不能正五音。六律，陽律，大蔟、姑洗、蕤賓、夷則、無射、黃鍾也。五音，宮、商、角、徵、羽也。堯舜之道，不以仁政，不能平治天下。當行仁恩之政，天下乃可平也。今有仁心仁聞而民不被其澤，不可法於後世者，不行先王之道也。仁心，性仁也。仁聞，仁聲遠聞也。雖然，猶須行先王之道，使百姓被澤，乃可爲後世之法也。故曰：徒善不足以爲政，徒法不能以自行。但有善心而不行之，不足以爲政；但有善法度而不施之，法度亦不能獨自行也。詩云：「不愆不忘，率由舊章。」遵先王之法而過者，未之有也。詩大雅假樂之篇。愆，過也。所行不過差矣，不可忘者，以其循用舊故文章。遵用先王之法度，未聞有過者也。聖人既竭目力焉，繼之以規矩準繩，以爲方員平直，不可勝用也（盡己目力續以其四者方員平直可得而審知故用之不可勝極也）既竭耳力焉繼之以六律正五音不可勝用也（音須律而正也）既竭心思焉繼之以不忍人之政而仁覆天下矣（盡心欲行恩繼以不忍加惡於人之政則天下被覆衣之仁也）故曰爲高必因丘陵爲下必因川澤爲政不因先王之道可謂智乎（言因自然則用力少而成功多矣）是以惟仁者宜在高位不仁而在高位是播其惡於衆也（仁者能由先王之道不仁逆道則自播揚其惡於衆人也）上無道揆也下無法守也朝不信道工不信度君子犯義小人犯刑國之所存者幸也（言君無道術可以揆度天意臣無法度可以守職奉命朝廷之士不信道德百工之作不信度量君子觸義之所禁謂學士當行君子之道也小人觸刑愚人

羅於密網也此亡國之政然而國存者僥倖耳非其道也故曰城郭不完兵甲不多非國之災也田野不辟貨財不聚非國之害也上無禮下無學賊民興喪無日矣言君不知禮臣不學法度無以相檢制則賊民興亡在朝夕無復有期日言國無禮義必亡詩曰天之方蹶無然泄泄泄泄猶沓沓也事君無義進退無禮言則非先王之道者猶沓沓也詩大雅板之篇天謂王者蹶動也言天方動汝無然沓沓但爲非義非禮背。先王之道而不相匡正也故曰責難於君謂之恭陳善閉邪謂之敬吾君不能謂之賊人臣之道當進君於善責難爲之事使君嚮。敬謂行堯舜之仁是爲恭臣陳善法以禁閉君之邪心是勉之。君言吾君不肖不能行善因不諫正此爲賊其君也故有恭敬賊三。者之善疏孟子曰離婁之明至吾君不能謂之賊○正義曰此章言雖有巧智猶須法度固由先王禮義爲要不仁在位播越其惡誣君不諫謂之賊明上下相須而道化行也孟子曰離婁之明公輸子之巧不以規矩不能成方員者公輸子魯班魯之巧匠也孟子謂離婁明雖足以察秋毫之末公輸子其性雖巧然不以規矩之度不能成其方員之器規所以員也言物之員者皆由規之所出也矩所以方也言物之方者皆由矩之所出也師曠之聰不以六律不能正五音者師曠樂官名也孟子又謂師曠其耳雖聰善能聽音然不得六律以和之固不能正其五音也六律五音大蔟姑洗蕤賓夷則無射黃鐘是六律也宮商角徵羽是五音也堯舜之道不以仁政不能平治天下者堯舜二帝唐虞之盛者也然而不以仁政而施之於天下故不能平治天下而享無爲之功矣以其天下平治由仁政之施也如物之方員必自規矩之所出五音之正由六律以和之者也今有仁心仁聞而民不被其澤不可法於後世者不行先王之道也者孟子言今之人君雖有仁人不忍之心又有仁聲而遠聞四方然而民皆不得霑被其恩澤不可爲後世之所法者以其不行古先王之道而治之也無他蓋以先王之道有恩澤足以被民其法可爲後世取象故也苟不行先王之道雖有仁心仁聞亦若離婁之明師曠之聰堯舜之道不得以規矩六律仁政爲之亦無如之何也已矣故曰徒善不足以爲政徒

法不能以自行者此孟子言至於此所以復言之者也徒善不足以爲政蓋謂雖有先王之道而爲之善然而人不能用而行之是徒善不足以爲政也徒法不能以自行蓋謂雖有規矩六律之法然而人不能因而用之是徒法不能以自行也以其規矩六律之法不能自行之必待人而用之然後能成其方員正其五音也堯舜之道自不足以爲之政必待人而行之然後能平治天下而爲法於後世也詩云不愆不忘率由舊章遵先王之道而過者未之有也者孟子引大雅假樂之篇文而云也蓋謂不愆違不忘去其故舊典章皆循而用之未有過失者也故復言之曰遵先王之法而過者未之有也典章者即先王之法也聖人既竭目力焉繼之以規矩準繩以爲方員平直不可勝用也者孟子又言聖人既竭己目力而視續以規矩準繩而爲方員平直故其用之不可勝極也蓋規所以能員矩所以能方準所以能平繩所以能直故也既竭耳力焉繼之以六律正五音不可勝用也者孟子又言聖人既已盡其耳力而聽之又續以六律而正五音故其用亦不可勝極也蓋六律所以正五音也既竭心思焉繼之以不忍人之政而仁覆天下矣者孟子又言聖人既已能盡心之所思慮續以施其不忍人之政則仁恩德澤足以覆蓋於天下矣無他以其仁恩廣大矣故云覆天下故曰爲高

必因丘陵爲下必因川澤爲政不因先王之道可謂智乎者孟子言至於此又所以復言之者也蓋譬言人之欲爲高者必因其丘陵而爲之也爲下者必因其川澤而爲之耳無他以其丘陵之山其本高矣川澤之地其本下矣言爲政於天下者而不因先王之道爲之豈足謂之智者乎言不可謂之智矣以其先王之道是爲之所本焉故智足以有知苟爲政而不知以先王之道爲本豈謂之智乎大抵孟子言規矩準繩六律者皆譬爲政而言也抑亦知孟子長於譬喻者歟是以惟仁者宜在高位不仁而在高位是播其惡於衆也者孟子於此畢其譬喻乃曰是以惟仁者之君宜其處高位爲尊也不仁之君而處高位是其處高位而播揚其惡於人民之衆矣上無道揆也下無法守也朝不信道工不信度君子犯義小人犯刑國之所存者幸也者孟子言上之爲君無道術以表率其下下之爲臣無法度以守其職朝廷之士皆不信其道德百工之作皆不信其度量君子之人以之觸義之所其小人之人以之犯冒其刑憲然而如此而國尚存而不亡者以其僥倖得存焉必云幸也蓋少有存者也故曰城郭不完兵甲不多非國之災也田野不辟貨財不聚非國之害也上無禮下無學賊民興喪無日矣若孟子言至此所以復言之也故云城郭頹壞而不完兵甲之器少此非爲國之災害

也田野荒蕪而不開辟貨財竭盡而無貯聚此非爲國之害
也然而上之爲君無禮法以檢制下之爲人臣不學法度以
守職賊民相殺戮以之興起是則國之喪亡俱在朝夕無復
有日矣詩云天之方蹶無然泄泄猶沓沓也事君無義
進退無禮言則非先王之道者猶沓沓也者自天之方蹶至
泄泄猶沓沓也是詩大雅板之篇詩也自事君至沓沓也是
孟子自解上云沓沓之義也其詩蓋言王者方動而爲非爲
之臣者無更沓沓但復爲非禮義以事其王者也故曰天之
方蹶無然泄泄泄泄猶沓沓也蹶動也天謂王者也泄泄則
沓沓是也孟子復自解之言事君以無義之事事之其進退
無禮節其言則非先王之道而爲言者是君沓沓者也以其
當匡正其君不可復長君之惡耳故曰責難於君謂之恭陳
善閉邪謂之敬吾君不能謂之賊者孟子言至於此所以又
復言之者也故云君之有難惡當責之以善能責君難惡以
爲之善是爲恭臣恭其君也陳之以善事而閉其君之邪心
是謂敬其君者也如不責君之難不陳善而閉君之邪而乃
曰我君不能行善因不諫正之者是謂殘賊其君者也故曰
責難於君謂之恭陳善閉邪謂之敬吾君不能謂之賊○注
公輸子至規矩也正義曰案淮南子云楚欲攻宋墨子聞而
悼之見楚王曰臣見大王之必傷義而不得宋王曰公輸天

下之巧工作爲雲梯之械設以攻宋曷爲弗取墨子曰令公輸設攻臣請守之於是公輸設攻宋之械墨子設守宋之備九攻而墨子九卻之弗能入乃偃兵不攻是公輸即魯般也或云是魯昭公之子也○注師曠晉平公之樂太師至羽也正義曰案呂氏春秋云晉平公鑄鐘使工聽之皆以爲調師曠曰不調請更鑄之平公曰工皆以爲調矣師曠曰後世有知音者將知不調臣竊爲恥之至師涓果知鐘之不調是師曠善聽爲晉平公之樂師也云六律陽律大蔟姑洗蕤賓夷則無射黃鐘案律厤志云呂不韋春秋言黃鐘之宮律之本也下生林鍾林鍾上生大蔟大蔟下生南呂南呂上生姑洗姑洗下生應鐘應鐘上生蕤賓蕤賓下生大呂大呂下生夷則夷則上生夾鐘夾鐘下生無射無射上生中呂淮南王安延致儒博士亦爲律呂云黃鐘之律九寸而宮音調因而九之九九八十一故黃鐘之數立位在子大蔟其數七十二姑洗之數六十四蕤賓之數五十七夷則之數五十一無射之數四十五以黃鐘大蔟爲商姑洗爲角角生應鐘不比正音故爲和應鐘生蕤賓不比正音故爲繆日冬至音比林鐘浸以濁日夏至音比黃鐘浸以淸以十二律應二十四時之變甲子大呂之徵也丙子夾鐘之羽也戊子黃鐘之宮也庚子無射之商也壬子夷則之角也其爲音一律而生五音十

二律爲六十音因而六之六六三十六故三百六十五日以當一歲之日故律之數天地之道也凡此則以律正五音之謂也○注詩大雅假樂之篇○正義曰箋云愆過也率循也言成王之令德不過誤不遺失循用舊典之文章舊典謂周公之禮法也○注云詩大雅板之篇○正義曰箋注云蹶動也泄泄猶沓沓也箋云天斥王也主方欲艱難天下之民又方更變先王之道無沓沓然爲之制法度達其意以成其意

孟子曰規矩方員之至也聖人人倫之至也至極也人事之善者莫大取法於聖人猶方員須規矩也欲爲君盡君道欲爲臣盡臣道二者皆法堯舜而已矣堯舜之爲君臣道備不以舜之所以事堯事君不敬其君者也不以堯之所以治民治民賊其民者也言舜之事堯敬之至也堯之治民愛之盡也

孔子曰道二仁與不仁而已矣暴其民甚則身弒國亡不甚則身危國

削名之曰幽厲雖孝子慈孫百世不能改也仁則國安不仁則國危亡甚謂桀紂不甚謂幽厲厲王流于彘幽王滅於戲可謂身危國削矣名之謂謚之也謚以幽厲以章其惡百世傳之孝子慈孫何能改也詩云殷鑒不遠在夏后之世此之謂也詩大雅蕩之篇也殷之所鑒視近在夏后之世矣以前代善惡爲明鏡也欲使周亦鑒于殷之所以亡也

疏孟子曰規矩至此之謂也○正義曰此章言法則堯舜鑒戒桀紂也孟子曰規矩方員之至也聖人人倫之至也者孟子言規矩之度其爲方員之至者也謂之至者以其至矣盡矣不可以有加矣聖人是爲人倫之至者亦然人倫君臣父子夫婦兄弟朋友是也欲爲君盡君道欲爲臣盡臣道二者皆法堯舜而已矣者孟子言凡欲爲人君者當盡其爲君之道也凡欲爲人臣者當盡其爲臣之道也此二者在皆則法堯舜而已矣以堯舜所爲君臣之道備矣不以舜之所以事堯事君不敬其君者也不以堯之所以治民治民賊其民者也者言爲人臣者如不以舜之所以事堯者事君是不尊敬其君者也爲人臣者如不以堯之所以治民者治民是殘賊其民者也舜所以事堯者盡其義之道也堯之

所以治民者盡其仁之道也義所以敬其君者也仁所以愛其民者也孔子曰道二仁與不仁而已矣暴其民甚則身弒國亡不甚則身危國削名之曰幽厲雖孝子慈孫百世不能改也者孟子言孔子有曰道有二是仁與不仁爲二而已暴虐其民以至於甚極則身必爲下之所殺而國必喪亡矣不至於極甚則身必危難而國必滅削謚之曰幽厲之君既謚爲幽厲以章惡於後世雖有孝子慈孫所出亦不能改此謚也厲王但止於流彘幽王滅於戲是謂身危國削矣如身弒國亡而孟子不止歸於人名者以其被所殺戮國已喪亡足以章其惡固不待爲謚而彰之矣如桀紂者也詩云殷鑒不遠在夏后之世此之謂也者蓋詩大雅蕩之篇文也其詩已謂殷之世所以鑒視在近而不遠者以其即在夏后之世是也以其前代善惡足以爲明鏡而可鑒也孟子所以云此之謂也者蓋欲使周之時亦鑒於殷之所以亡也○注堯舜之爲君臣道備○正義曰書云堯克明俊德以親九族平章百姓協和萬邦黎民於變時雍蓋爲君之道盡於此矣是君道之備也舜自元德升聞以之事堯而愼徽五典百揆時敘賓于四門四門穆穆其後坐常見堯於牆食常見堯於羹蓋爲臣道盡於此矣是臣之道備也○注桀紂幽厲○正義案史記本紀云桀爲虐政淫荒湯伐之於是桀敗於有娀之墟湯

王乃改正朔易服色是爲湯王爲殷之始王又云紂資辨捷知足以拒諫言足以飾非好酒淫樂醢九侯脯鄂侯武王東伐至于盟津伐紂紂兵敗走入登鹿臺衣其寶玉赴火而死武王遂斬紂頭懸之白旗殷民大悅武王於是爲天子以爲天子以爲周之王又云厲王行暴虐侈傲國人謗之於是相與畔襲厲王厲王出奔於彘韋昭曰彘晉地也漢爲縣屬河東今曰永安是也厲王終死于彘於是太子靜即位是爲宣王宣王崩子幽王宮涅立幽王以褒姒不好笑幽王欲其笑乃爲燧火大鼓有寇至則舉燧火諸侯悉至至而無寇褒姒乃大笑幽王悅之爲數舉烽燧其後不信諸侯益不至幽王以虢石父爲卿用事國人皆怨申侯怒與繒西夷犬戎攻幽王幽王舉烽火徵兵兵不至遂殺幽王驪山下汲冢紀年曰湯滅夏以至于紂二十九王凡四百九十六年自武滅紂以至幽王凡二百五十七年○注詩大雅蕩之篇○正義曰箋云此言殷之明鏡不遠近在夏后之世謂湯誅桀也後武王誅紂今之王何以不用爲之戒孟子於此所以引之以戒其時之君臣也

孟子曰三代之得天下也以仁其失天下也以不仁國之所以廢興存亡者亦然

三代夏商

周國謂公侯之國存亡在仁與不仁而已天子不仁不保四海諸侯不仁不保社稷卿大夫不仁不保宗廟士庶人不仁不保四體今惡死亡而樂不仁是由惡醉而强酒保安也四體身之四肢强酒則必醉也喻惡亡而樂不仁也

疏孟子曰三代至强强酒○正義曰此章言人所以安莫若爲仁惡而弗去患必及身自上達下而其道一也孟子曰三代之得天下也以仁其失天下也以不仁國之所以廢興存亡者亦然者孟子言夏商周三代之王其所以得天下也以其皆以仁存心爲政於天下而得之也三代之中其有以失天下者以其不仁故失之也以至公侯之國所以有廢而不興有興而不廢者亦如三代之得天下也以仁失天下也以不仁也以其皆在於仁道而已天子不仁不保四海諸侯不仁不保社稷卿大夫不仁不保宗廟士庶人不仁不保四體今惡死亡而樂不仁是猶惡醉而强酒者孟子言爲天子者不爲仁則不能安其四海諸侯不仁則不能安其社稷卿大夫不爲仁則不能安其宗廟士庶人不爲仁則不能安其四體四體身之四肢也天子守四海諸

侯守社稷，卿大夫守宗廟，士庶人守其身，故各因其所守而言也。今天下之人皆知疾惡其死亡，而以樂爲不仁，是若惡其醉酒而以强飲其酒耳。亦論語孔子謂惡濕而居下之意也。

孟子曰：愛人不親反其仁，治人不治反其智，禮人不荅反其敬，行有不得者皆反求諸己，其身正而天下歸之。反其仁，己仁獨○未至邪？反其智，己智猶未足邪？反其敬，己敬獨○未恭邪？反求諸身，身已正，則天下歸就之，服其德也。

詩云：永言配命，自求多福。此詩已見上篇，其義同。

疏 孟子曰至自求多福○正義曰：此章言行有不得於人，反求於身，是爲責己之道也。孟子曰愛人不親反其仁，治人不治反其智，至而天下歸之者，孟子言愛人而人不親之，必吾仁有所未至也，故當反己責之；治其人而人不治者，必吾之智有所未盡也，故當反己而責之也；禮接於人而人不以禮報荅之，必吾之敬有所未至也，故當反己而責之也。凡所行有不得於人者，皆當反求諸己而已，以其身之所有未至也，故當自反而責之。蓋以身先自治而正之，則天下之人皆歸之而服其德也。如顏淵克己而天下歸仁焉是也詩云永言配命自求多福已說於上篇此固不說孟子曰人有恒言皆曰天下國家恒常也人之常語也天下謂天子之所主國謂諸侯之國家謂卿大夫家。天下之本在國國之本在家家之本在身治天下者不得良諸侯無以為本治其國者不得良卿大夫無以為本治其家者不得良身無以為本也是則本正則立本傾則踣固在所敬慎而已

【疏】孟子曰至本在身○正義曰此章言天下國家各依其本本正則立本傾則踣也孟子曰人有恒言皆曰天下國家者孟子言人之所常言皆曰天下國家也天子有天下公侯有國大夫有家天下之本在國國之本在家家之本在身者言天下之根本獨在於公侯為之根本也公侯之根本又在卿大夫為之根本也卿大夫之根本抑又在於私身為之根本也如大學有云欲明明德於天下必先治其國欲治其國必先齊其家欲齊其家必先修其身此其意也云天下國家者天子有天下謂之天下諸侯有國謂之國然有國者不可以稱天下有天下者或可以稱國故諸侯謂之邦國天子謂之王國國家文從或又從國為其或之也故國之也至於家則自天子達於庶人未嘗不通稱之矣

孟子曰爲政不難不得罪於巨室巨室大家也謂賢卿大夫之家人所則效者言不難者但不使巨室罪之則善也巨室之所慕一國慕之一國之所慕天下慕之故沛然德教溢乎四海慕思也賢卿大夫一國思隨其所善惡一國思其善政則天下思以爲君矣沛然大洽德教可以滿溢於四海之内也

【疏】孟子曰至溢乎四海○正義曰此章言天下傾心思慕向善巨室不罪咸以爲表德之流行可以充四海也孟子曰爲政不難不得罪於巨室者巨室喻卿大夫之家也孟子言爲政於天下易而不難也但不得罪於卿大夫之家也以其卿大夫之家以上則近君而君所待以輔弼以道則近民而民待以視效故君之言動其是非可得而刺也國之政令其得失可得而議也道合則從不合則去君民之從違而係之也故爲君不得罪於卿大夫則爲政可以行天下矣巨室之所慕一國慕之一國之所慕天下慕之故沛然德教溢乎四海者言卿大夫之所思慕也一國亦隨而思慕之一國所思慕則天下亦隨而思慕之故沛然大洽其上之德教可以充溢乎四海如東注之水沛然流溢乎四海也此言四海猶中國則

謂之天下夷狄則謂之四海耳孟子之意蓋欲當時國君爲政直其道正其心使卿大夫慕之而不去則遠近雖異方莫不均慕之此德教所以溢乎四海亦如傳云大夫者近者視而傚之遠者望而傚之蓋其意也孟子曰天下有道小德役大德小賢役大賢天下無道小役大弱役強斯二者天也順天者存逆天者亡有道之世小德小賢樂爲大德大賢役服於賢德也無道之時小國弱國畏懼而役於大國強國也此二者天時所遭也當順從之不當逆也齊景公曰既不能令又不受命是絕物也涕出而女於吳齊景公齊侯景謚也言諸侯既不能令告鄰國使之進退又不能事大國往受教命是所以自絕於物物事也大國不與之通朝聘之事也吳蠻夷也時爲強國故齊侯畏而恥之泣涕而與爲婚今也小國師大國而恥受命焉是猶弟子而恥受命於先師也今小國以大國爲師學法度焉而恥受命教不從其進退譬猶弟子不從師也

如恥之莫若師文王師文王大國五年小國七年必爲政於天下矣文王行仁政以移殷民之心使皆就之今師效文王大國不過五年小國七年必得政於天下矣文王時難故百年乃治今之時易文王由百里起今大國乃踰千里過之十倍有餘故五年足以爲政小國美之故七年詩云商之孫子其麗不億上帝既命侯于周服侯服于周天命靡常殷士膚敏祼將于京詩大雅文王之篇麗億數也言殷帝之子孫其數雖不但億萬人天既命之惟服於周殷之美士執祼鬯之禮將事於京師若微子者膚大敏達也此天命之無常也孔子曰仁不可爲衆也夫國君好仁天下無敵孔子云行仁者天下之衆不能當也諸侯有好仁者天下無敢與之爲敵今也欲無敵於天下而不以仁是猶執熱而不以濯也詩云誰能執熱逝不以濯詩大

雅桑柔之篇誰能持熱而不以水濯其手〔疏〕孟子曰天下
喻其爲國誰能違仁而無敵於天下也有道至逝不
以濯正義曰此章言遭衰逢亂屈伏强大據國行仁天下莫
敵雖有億衆無德不親執熱須濯明不可違仁也孟子曰天
下有道小德役大德小賢役大賢天下無道小役大弱役强
斯二者天也順天者存逆天者亡者孟子言天下有治道之
時小德樂爲大德小賢樂爲大賢故小德役服大德小賢役
服大賢以其德之得於己者有多少故有大德小德以其賢
之賢於人也有遠近故有大賢小賢天下有道則論德而定
位故小德役大德小賢役大賢天下無道而亂則小國弱國
畏懼而役於大國强國以其力有小大勢有强弱故有小有
大有弱有强天下無道則力勝德勢勝賢故小役大弱役强
言二者皆天使然也順其天者故存逆其天者故亡以其所
遭之時然也故當順而不當逆齊景公曰既不能令又不受
命是絶物也涕出而女於吳者孟子引齊景公謂諸侯既不
能以令制鄰國又不能受命以制於鄰國是自絶於交通朝
聘之事也於是景公泣涕以女事於吳是時吳爲强大也故
女於吳此乃小役大弱役强者也今也小國師大國而恥受
命焉是猶弟子而恥受命於先師也者言今也爲之小國者
既以師其大國而恥羞受大國之命焉如此是若爲之弟子

者以羞耻受教命於先師也如耻之莫若師文王師文王大國五年小國七年必爲政於天下矣者言如耻受命於大國莫若師法文王也如師法文王則大國不過五年小國不過七年必能爲政行於天下矣以言其時之易也詩云商之孫子其麗不億上帝既命侯于周服侯服于周天命靡常殷士膚敏祼將于京者此蓋詩大雅文王之篇文也孟子所以引此者蓋言其天命靡常惟德是親之意也其詩言商王之子孫雖相附麗而不足以爲彊雖數至億而不足以爲衆至文王膺受上天之駿命而商之孫子乃爲君侯於周之九服中然爲君處服于周是天命靡常惟德是親也不特商之子孫如此其爲殷之侯者爲壯美之士亦莫不執祼鬯之禮而皆助祭於周之京師也孔子曰仁不可爲衆也夫國君好仁天下無敵者言孔子有曰爲仁者不可爲衆而當之也夫國君能好仁則天下無敢與之敵也今也欲無敵於天下而不以仁是猶執熱而不以濯也者言今也欲爲無敵於天下而不以仁爲之是若持其熱物而不以濯也濯者以水濯其手也詩云誰能執熱逝不以濯蓋詩之大雅桑柔之篇文也孟子於此所以引之蓋謂詩有云言誰能持其熱物往而不以水濯手也以其執熱須濯手於水也如欲無敵於天下必須爲仁也○注齊景公齊侯景謚也至爲婚○正義曰云景謚也

者案史記云靈王十六年齊莊公母弟杵臼立是爲景公在位五十八年卒謚曰景地近荊蠻故注云蠻夷也注詩大雅至無當也正義曰箋云麗數也于於也言商之子孫其數不徒億多言之也至天已命文王之後乃爲君於周之九服中言衆之不如德也九服案周禮九服云侯甸男采衛蠻夷鎮蕃人也毛注云殷士殷侯也膚美也敏疾也祼灌鬯也將行也鄭云祼謂以圭瓚酌鬱鬯以獻尸也瓚如槃大五升口徑八寸深二寸其柄用圭是也注詩大雅桑柔之篇正義曰箋云當如手持熱物之用濯亦猶治國之道當用其賢人者也

孟子曰不仁者可與言哉安其危而利其菑樂其所以亡者不仁而可與言則何亡國敗家之有言不仁之人以其所以爲危者反以爲安必以惡見亡而樂行其惡如使其能從諫從善可與言議則天下何有亡國敗家也有孺子歌曰滄浪之水清兮可以濯我纓滄浪之水濁兮可以濯我足孔子曰小子聽之淸斯濯纓濁斯濯足矣

自取之也孺子童子也小子孔子弟子也清濁所用尊卑若此自取之喻人善惡見尊賤乃如此夫人必自侮然後人侮之家必自毀而後人毀之國必自伐而後人伐之人先自爲可侮慢之行故見侮慢也家先自爲可毀壞之道故見毀也國先自爲可誅伐之政故見伐也太甲曰天作孽猶可違自作孽不可活此之謂也以見上篇說同

疏孟子曰至此之謂也

正義曰此章言人之安危皆由於己也孟子曰不仁可與言哉安其危而利其菑樂其所以亡者不仁而可與言則何亡國敗家之有者孟子言不仁之人可與言哉言不可與之言者也以其不仁之人以危爲之安以菑爲之利樂行其所以亡者也如不仁而可以與言議以其能從諫從善也如此則何有亡國敗家者哉言不能亡國敗家也有孺子歌曰滄浪之水清兮可以濯我纓滄浪之水濁兮可以濯我足者至自取之也者孟子言有孺子歌詠曰滄浪之水清兮則可以洗濯我之纓滄浪之水渾濁兮則可以洗濯我之足以其纓在上人之所貴水清而濯纓則清者人之所貴也足

在下人之所賤水濁而濯足則濁者人之所賤也孔子曰小子當聽之清斯濯其纓濁斯濯其足貴賤人所自取之也孺子童稚也小子則孔子稱弟子也清斯喻仁濁斯喻不仁言仁與不仁見貴賤亦如此也夫人必自侮然後人侮之家必自毀而後人毀之國必自伐而後人伐之者孟子言夫人苟自爲可侮之事然後人從其事而侮慢之家自爲可毀壞之事而後人從而毀壞之國必自爲可誅戮之事而人然後從而誅戮之斯亦自取之謂也太甲曰天作孽猶可違自作孽不可活此之謂也者已說在上篇○注云如臨深淵戰戰恐懼也○正義曰此蓋詩之小雅小旻之篇文也注云戰戰恐懼也趙氏放之而已

孟子注疏解經卷第七上

大清嘉慶二十年
用文選樓藏本校

南昌縣知縣陳煦栞

孟子注疏卷七上挍勘記

阮元撰盧宣旬摘録

離婁者　閩監毛三本同宋本者作乃孔本韓本無者字

蓋以爲黃帝之時人也　閩監毛三本同宋本無之字孔本韓本作黃帝時人也

乃成方圓　閩監毛三本韓本同孔本考文古本圓作員

故以名篇題　閩監毛三本同宋本孔本韓本考文古本名作

大蔟　孔本同閩監毛三本韓本作大簇誤

黃鍾也　閩監毛三本同孔本韓本考文古本無也字

乃可爲後世之法也　閩監毛三本同廖本無之字孔本考文古本無世之二字韓本足利本無之字也字

假樂之篇　閩監毛三本同宋本孔本韓本假作嘉音義出嘉樂

未聞有過者也　閩監毛三本同廖本孔本韓本考文古本無者字

續以其四者　閩監毛三本同廖本孔本韓本考文古本無其字

可得而審知　閩監毛三本同廖本孔本韓本審知作知審

羅於密網也　閩監毛三本同孔本韓本考文古本網作罔

兵甲不多　音義出甲兵云甲或作鉀案据音義則此經兵甲舊作甲兵

言天方動汝無然沓沓　廖本汝作女閩監毛三本然作敢孔本韓本汝作女然作敢音義出動女

背先王之道　閩監毛三本同廖本孔本韓本考文古本背下有棄字

使君爲敬　閩監毛三本同廖本孔本韓本考文古本爲敬作勉之是也

是勉之　閩監毛三本同廖本孔本韓本考文古本勉之作爲敬是也案爲敬勉之四字十行本並在行末前

後行互換因而致誤

故有恭敬賊三者之善　閩監毛三本善作義廖本孔本韓本考文古本無此九字

章指言雖有巧智猶須法度國由先王禮義爲要不仁在位播越其惡誣君不諫故謂之賊明上下相須而道化行也

觸義之所其　〔補〕案其字監毛本並作具

主方欲艱難天下之民　〔補〕案主當依監本作王毛本作五更謬

近在夏后之世矣　閩監毛三本同廖本孔本韓本考文古本矣作耳

亦鑒于殷　閩監毛三本同廖本孔本韓本考文古本于作於

章指言法則堯舜以爲規矩鑒戒桀紂避遠危殆名謚一

定千載而不可改也

正義案史記本紀云 義下脫曰字閩監毛三本不脫

以爲天子 閩監毛三本同案此四字衍文毛本加圍蓋意欲刊去此文是也

夏商周 閩監毛三本同孔本韓本考文古本商作殷

在仁與不仁而已 閩監毛三本同岳本廖本孔本韓本考文古本而已作也

喻惡亡而樂不仁也 閩監毛三本同廖本孔本韓本考文古本無此注

章指言人所以 考文古本無此字 安莫若爲仁惡而弗 孔本作勿 去患

必在 考文古本作及韓本同 身自上達下其道一焉

諸侯不仁 不下脫爲字閩監毛三本不脫

而天下歸之 毛本而誤則

獨未至邪　閩監毛三本同宋本孔本韓本足利本獨作猶下同

猶未足邪　考文古本猶作獨

章指言行有不得於人一求諸身責己之道也改行飭躬

福則至矣

家謂卿大夫家　閩監毛三本同孔本韓本下家作也考文古本下有也字

是則本正則立本傾則踣固在所敬慎而已　閩監毛三本同廖本孔本韓本考文古本無此注文

章指言天下國家各依其本本正則立本傾則踣雖曰常言必須敬慎也

沛然大治　閩監毛三本同宋本孔本韓本考文古本治作洽

四海之內也　閩監毛三本同廖本孔本韓本考文古本無也字

章指言天下傾心思慕向　孔本韓本考文引古本作嚮按向令鄉字嚮俗

善巨室

不罪咸以爲表德之流行以充四海也

令告鄰國　閩本孔本韓本同監毛本鄰誤大

而恥受命教　宋本孔本韓本同閩監毛三本命教誤倒

故百年乃治　閩監毛三本同廖本孔本韓本考文古本治作洽

小國美之　閩監毛三本同廖本孔本韓本考文古本美作善

執祼圈之禮　閩監毛三本同廖本孔本韓本圈作暢音義出暢字案古圈暢通用

喻其爲國　上二字此本糢糊閩監毛三本如此宋本孔本韓本考文古本無其字

而無敵於天下也　閩監毛三本同廖本孔本韓本考文古本無於天下三字

章指言遭衰逢亂屈服强大據國行仁天下莫敵雖有億衆無德不親執熱須濯明其孔本韓本考文古本無此字不可違仁也足利本無也字

者案史記云案自此至下章疏則淸者人之所貴也足止十行本缺一頁而板心數不缺誤也閩本仍十行本之舊亦未補監本毛本不缺未詳據何本補足

以見上篇說同毛本同孔本韓本足利本以作已下有也字考文古本以作已

章指言人之安危皆由於已先自毁伐人乃攻討甚於天孽敬愼而已如臨深淵戰戰恐懼孔本韓本考文引古本作栗也

孟子注疏卷七上挍勘記

奉新趙儀吉挍

傳古樓景印